목차

3 contents

JN448767

4 contents

27주 아름답게 자라는 것을 좋아하시는 하나님

핵심 구절 예수는 지혜와 키가 자라가며 하나님과 사람에게 더욱 사랑스러워 가시더라 (누가복음 2장 52절)

본문말씀 : 누가복음 2장 41~52절

01 무엇일까요?

성 숙 은 지식과 지혜가 많아지는 것을 말합니다. 마치 어린 예수님처럼 키가 자랄 때마다 하나님과 사람에게 칭찬받는 것을 말합니다. 아름답게 자라는 것을 성숙이라고 합니다.

02 풀어봐요!

1) 12살되신 예수님은 어 른 이 되었다는 뜻으로 부모님과 함께 예루살렘 성전으로 예배드리러 가셨어요.

▷ 유대인들에게 있어서 열두 살 되는 해는 유년기와 청소년기의 분기점이었다. 히브리의 남아들은 이 연령이 되면 종교적 교훈을 받을 특별한 기회를 가지게 되었고 또한 거룩한 절기와 예식에 참여할 수 있게 되었다. 예수께서 어릴 때에 유월절에 참여하시기 위하여 예루살렘에 가신 것도 이 관습에 따른 것이었다.

2) 예수님을 찾지 못한 요셉과 마리아는 다시 되돌아가 사흘 후 겨우 성 전 에서 예수님을 찾았어요.

▷ 성전에서 예배 드리고 유월절 행사를 마친 후 모두 고향으로 내려갔지만 요셉과 마리아는 예수님을 찾지 못해 큰 혼란과 걱정 속에 빠지게 되었다. 예수님 유아 시절에 헤롯이 아기 예수를 죽이려 하던 것을 기억하고 불길한 예감이 들었다. 그래서 요셉과 마리아는 예루살렘으로 돌아가서 계속 예수를 찾으러 돌아다녔는데 사흘 후 성전에 다시 돌아왔을 때 예수님을 찾을 수 있었다.

3) 예수님은 성전에서 제 사 장 들 과 박사님들과 함께 열심히 하나님 말씀을 나누고 계셨어요.

▷ 예수님이 예루살렘 성전에서 선생들과 성경에 관한 토론을 할 때 그의 지혜와 대답은 모든 사람들, 특히 제사장들과 박사들을 계속해서 반복적으로 놀라게 했다. 예수님은 "내가 내 아버지의 집에 있어야 될 줄 알지 못하셨나이까?"라고 부모에게 대답했을 정도로 3일 동안 줄곧 성전에 머물면서 하나님의 말씀에 집중하셨던 것이다.

4) 부모님과 함께 집으로 무사히 돌아온 예수님은 하나님과 사람들에게 사 랑 받으며 무럭무럭 자라셨어요.

▷ 예루살렘에서 나사렛으로 돌아간 예수님은 육신의 부모인 요셉과 마리아에게 계속해서 순종하셨다. 이것은 어머니 마리아의 심장에 보물처럼 새겨질 정도였다. 예수님이 성장하면서 사람들에게 더욱 사랑받은 이유는 예수님이 어렸을 때부터 부모에게 순종하는 아들이었기 때문일 것이다.

03 나누어봐요!

1) 12살된 예수님은 부모님과 함께 왜 예루살렘 성전에 가셨나요?

▷ 예수님은 12살이 되셨을 때 어른이 되었다는 뜻으로 유월절을 지키시기 위해 부모님과 함께 예루살렘 성전에 가셨다. 예수님은 하나님의 율법을 순종하고 연례 절기들을 지키는 가정에서 성장하신 것을 알 수 있다. 그래서 예수님이 열두 살 되던 해에도 어김 없이 유월절 전례를 따라 예루살렘으로 올라가신 것이다.

2) 제사장들과 박사들은 예수님과 말씀 나누면서 어떤 생각을 하셨나요?

▷ 유월절이 되면 유대의 가장 위대한 제사장님과 박사들이 진리를 가르치고 토론하기 위해 자발적으로 모여들었다. 어린 예수님도 그들의 토론 내용을 경청하고 탐색을 위한 질문을 제기하는데 열중했을 것이다. 제사장과 박사들은 예수님과 말씀 나누시며 예수님의 어린 나이가 아니라 예수님이 가진 지혜의 깊이에 놀라고 기이히 여기셨다.

04 적용해봐요!

1) 나는 교회 올 때 어떤 마음으로 오는지 이야기해 보세요. 또 교회에서 어떤 시간이 가장 좋은지 말해보세요.

▷ 예수님은 예배드리는 것을 좋아해서 예루살렘 성전에 가셨다. 학생들도 교회 올 때 예배드리는 것을 좋 아야 하고 하나님께 예배하는 것이 우선되는 일임을 알게 한다. 그리고 교사가 먼저 모범을 보여주도록 한다.

2) 나도 예수님처럼 모든 사람에게 사랑받는 사람인지 생각해보세요. 만일 그렇지 못하다면 왜 그런지 이야기 해 보세요.

▷ 예수님은 하나님의 아들이시지만 신체적으로, 정신적으로 자라시면서 하나님과 모든 사람들에게 사랑받는 분이셨다. 한 사람씩 돌아가며 나도 예수님처럼 모든 사람에게 사랑받는 사람인지 발표하는 시간을 갖는다. 그리고 어떻게 해야 사랑을 받을 수 있는지 서로 이야기 한다.

05 기도해요!

하나님! 저희들도 예수님처럼 하나님과 사람들에게 사랑받는 사람이 되게 해주세요.

단어풀이 **유월절** : 유대의 3대 절기 중 하나

28주 기쁜 마음을 갖게하신 하나님

핵심 구절 내가 너희에게 이르노니 이와 같이 죄인 한 사람이 회개하면 하나님의 사자들 앞에 기쁨이 되느니라 (누가복음15장 10절)

본문말씀 : 누가복음 15장 8~10절

01 무엇일까요?

희 락 이라는 말은 기뻐하거나 즐거워한다는 뜻입니다. 예수님을 믿고 따르는 사람은 항상 기뻐하고 즐거워해야 합니다. 왜냐하면 하나님은 기쁜 마음을 갖게 하시기 때문입니다.

02 풀어봐요!

1) 아줌마는 하루 일을 마치고 소중히 간직하고 있는 은 동 전 열 개를 세어보는 게 제일 큰 기쁨이었어요.

▶ 팔레스타인의 여성들은 종종 은동전 열 개를 결혼 선물로 받았다. 그래서 은동전은 금전적인 가치뿐만 아니라 결혼반지처럼 정서적인 차원에서도 가치가 있었기 때문에 여성들에게는 은동전을 세어보며 선물 받았을 때를 기억하는 것이 아주 큰 기쁨이며 행복이었다.

2) 아줌마는 은동전을 세어보다가 몇 번씩 확인해도 9 개 뿐인 것을 알고 눈물이 나왔어요.

▶ 은동전을 세어보다가 열 개 중 한 개가 없어진 것을 알고 아줌마는 자신에게 가치있고 큰 기쁨이었던 은동전을 잃은 것을 알고 아주 슬퍼했다. 은동전 하나의 가치가 그만큼 컸고, 또한 은동전 열 개 중 한 개, 한 개는 비상시에 사용할 수 있는 이 아줌마의 비상금이었기 때문이다.

3) 그때 방구석에서 반짝반짝 빛나는 은동전이 보이자 아줌마는 너무 기 뻐 얼른 뛰어가 은동전을 주웠어요.

▶ 은동전 열 개 중 한 개가 없어진 것을 안 아줌마는 어두운 구석을 비추기 위해 등불을 켜고 먼지 쌓인 마루의 구석구석을 쓸면서 열심히 찾았다. 이 아줌마의 손에는 여전히 은동전 아홉 개를 있었지만 잃어버린 은동전 한 개를 찾기 전에는 편하게 쉴 수 없었던 것이다. 결국 은동전 한 개를 발견하자 아줌마는 너무 기뻐 뛰어가 은동전을 손에 쥐었다.

4) 은동전 찾은 아줌마는 동네사람들과 함께 은동전 찾은 기쁨을 나누며 밤새도록 즐거운 잔 치 를 벌렸어요.

▶ 은동전 찾은 아줌마는 너무나 기뻐서 친구와 이웃을 불러 모으고 그들과 기쁨을 함께 나누며 즐거운 잔치를 벌였다. 아줌마가 잃어버린 은동전을 찾은 후 기뻐하듯이 죄인 한 사람이 회개하면 하늘에서 기쁨의 잔치가 벌어진다. 하나님께서는 하나님의 자녀 한 사람 한 사람을 소중히 여기신다.

03 나누어봐요!

1) 아줌마는 하루 일을 마치고 은동전 열 개를 세어보다가 왜 깜짝 놀랐나요?

▶ 은동전은 고대 유대사회에서 결혼 지참금이나 남편이 사랑의 증표로 맡긴 예물, 또는 가정의 비상시를 위해 준비할 때 사용했었다. 아줌마도 그런 경제적 수단으로 은동전 열 개를 소중히 간직해서 매일 하루 일과를 마치고 열 개씩 있는지 세어보았는데 한 개가 부족한 아홉 개뿐인것을 알고 깜짝 놀라게 된 것이다. 가정을 잘 꾸려나가려는 가정주부에게는 놀랄 일이 아닐 수 없다.

2) 잃었던 은동전 한 개를 찾은 아줌마는 어떤 일을 했나요?

▶ 아줌마는 잃었던 은동전 한 개를 찾은 후 너무 기뻐서 이웃 사람들을 모두 불러 잔치를 베풀며 은동전 찾은 기쁨을 함께 나누었다. 이런 아줌마의 즐거움은 하나님의 축제적 행동과 기쁨과 연결된다. 하나님께서도 교회에서 떠난 사람이 하나님께 다시 돌아온다면 아주 기뻐하시며 하나님 나라에서 큰 잔치를 벌이실 것이다.

04 적용해봐요!

1) 하나님을 믿지 않는 친구나 이웃이 있다면 어떻게 전도해야 할지 함께 이야기 해 보세요.

▶ 하나님은 믿지 않는 사람이 교회에 오는 것을 매우 기뻐하신다. 잃어버린 사람을 어떻게 전도해야 할지 함께 이야기를 나누며 구체적인 계획을 마련해서 실천하도록 한다.

2) 우리 교회에 새로 나온 친구를 기쁘게 맞이하는 방법을 이야기해보세요.

▶ 하나님은 교회에 나온 새 친구를 좋아하신다. 따라서 기쁘게 맞이하는 방법과 계속 교회에 다닐 수 있는 방법을 이야기 해 본다.

05 기도해요!

사랑의 하나님! 잃어버린 친구들을 전도할 수 있게 지혜를 주세요. 그리고 재미있게 신앙생활을 할 수 있게 도와주세요.

단어풀이 **부흥** : 기쁜 일이나 축하할 일이 있을 때, 음식을 차려놓고 여러 사람이 모여 즐기는 일

29주 잘못을 깨닫기 원하시는 하나님

핵심 구절 하나님이 그들이 행한 것 곧 그 악한 길에서 돌이켜 떠난 것을 보시고 하나님이 뜻을 돌이키사 그들에게 내리리라고 말씀하신 재앙을 내리지 아니하시니라 (요나 3장 10절)

본문말씀 : 요나 3장 1~10절

01 무엇일까요?

회 개 라는 말은 잘못을 뉘우치는 것을 말합니다. 나쁜 생각과 나쁜 일을 하지 않고 오직 하나님 말씀에 순종하는 삶을 사는 것을 말합니다. 하나님은 우리가 잘못을 뉘우치기를 원하십니다.

02 풀어봐요

1) 요나는 니느웨 사람들을 회개시키라는 하나님 명령을 어기고 다시스로 가는 배를 타고 도 망 갔어요.

▷ 하나님은 선지자 요나를 불러 니느웨 사람들에게 회개하라는 메시지를 전달하셨다. 오늘도 하나님은 여전히 세상 만국에 교회를 통해 하나님의 진노로부터 피하라는 복음을 전파하려고 하신다. 니느웨에 대한 이러한 사실을 니느웨 사람들은 알지 못한다. 오직 하나님의 말씀을 들은 선지자 요나만 안다. 오늘날 이 세상도 마찬가지다. 하지만 요나는 니느웨로 가지 않고 여호와의 낯을 피해 니느웨와 정반대인 다시스로 도망쳤다.

2) 하나님이 큰 폭풍을 보내셔서 배 안에 있는 사람들은 누구 때문인지 제비를 뽑았는데 요 나 가 뽑혔어요.

▷ 하나님은 바다에 폭풍을 보내심으로써 요나의 도망가는 길을 차단하셨다. 하나님은 만물의 창조주이시며, 주권적으로 다스리는 분이시기 때문에 자연의 모든 사물을 자유자재로 자신의 도구로 사용하신다. 선원들은 이 상황을 해결하기 위해 제비를 뽑았는데 마침내 요나가 당첨되었다. 선원들이 던진 제비는 바로 하나님의 손안에 있었으며 요나가 바로 이 재앙을 불러 일으킨 장본인이라는 사실이 밝혀진 것이다.

3) 요나가 바닷물 속에 빠질 때 하나님은 큰 물 고 기 를 준비하셔서 요나를 한 입에 삼키게 하셨어요.

▷ 제비 뽑힌 요나가 바다에 던져짐을 당하고 수장될 일발의 위기에서 탈출하여 하나님께서 준비하신 큰 물고기 뱃속에 들어가서 구출된 짧은 순간에 하나님의 섭리를 알 수 있다. 하나님은 큰 물고기 속에서의 요나의 기도에 응답하셨다.

4) 삼 일 후 큰 물고기에서 나온 요나는 니느웨로 가서 하나님 말씀을 전했고 니느웨 사람들은 회 개 기도했어요.

▷ 하나님께서는 실패했던 요나를 버리지 않으시고 재기의 기회를 주셨다. 요나의 전도는 아주 놀라운 기적을 가져왔다. 요나의 하나님 말씀을 들은 니느웨 사람들은 진심으로 회개하고 잘못을 뉘우쳤다. 하나님은 이처럼 세속적인 역사까지도 주관하시면서 요나의 선교를 성공케 했고 니느웨를 구원케 하신 것이다.

03 나누어봐요

1) 제비에 뽑힌 요나가 바닷물에 던져질 때 하나님은 무엇을 준비하셨나요?

▷ 큰 폭풍의 이유로 요나가 제비로 뽑혀서 요나가 바다에 던져졌지만 하나님은 요나를 위해 큰 물고기를 준비하셔서 요나를 안전하게 구출시켜주셨다. 현실적으로 당하는 고난과 죽음의 고통에서도 사랑의 하나님은 기회를 주시며 하나님의 길로 인도해 주시는 것이다.

2) 니느웨 사람들이 회개 기도하니까 하나님은 어떻게 하셨나요??

▷ 니느웨 사람들을 향한 요나의 기도에 니느웨 사람들은 모두 함께 진심으로 회개하며 기도하였다. 이러한 회개의 부르짖음과 행동은 그들의 전인격의 놀라운 변화를 보여 주는 것이었다. 하나님은 니느웨 사람들의 진심어린 회개 기도와 모습을 보시고 니느웨를 향한 재앙을 거두어주셨다.

04 적용해봐요

1) 일주일동안 내가 잘못한 일이 무엇인지 생각해보고 회개하는 편지를 써보세요.

▷ 하나님은 죄를 미워하신다. 따라서 학생들이 각자 잘못한 일이 무엇인지 생각하고 회개하는 편지를 쓰도록 지도한다. 하나님은 우리를 사랑하시며 용서하시는 분임을 알게 한다.

2) 내 주위에 죄짓는 친구가 있다면 그 친구를 위해 기도하고, 바른 길로 이끄는 방법을 이야기해 보세요.

▷ 주위에 죄를 짓는 친구가 있다면 기도해 주고 바른 길로 인도하는 방법을 나누고 실천하도록 한다.

05 기도해요

사랑의 하나님! 죄를 짓지 않는 믿음의 자녀가 되게 해주세요. 그리고 죄지을 때 곧 회개하도록 도와주세요.

30주 오래참기를 바라시는 하나님

핵심 구절 우리가 예수께서 죽으셨다가 다시 살아나심을 믿을진대 이와 같이 예수 안에서 자는 자들도 하나님이 그와 함께 데리고 오시리라 (데살로니가전서 4장 14절)

본문말씀 : 데살로니가전서 4장 3~18절

01 무엇일까요?

인 내 라는 말은 힘든 일이나 고통스런 일을 오랫동안 참는 것을 말합니다. 사람들이 나쁜 일을 할 때 하나님이 당장 벌을 주시지 않고 오랫동안 참고 기다려 주시는 것을 말합니다. 하나님은 우리에게 오래 참으시는 분입니다.

02 풀어봐요!

1) 부활하신 예수님은 모든 사람에게 전도하라고 말씀하시고 하 늘 로 올라가셨어요.

▷ 예수님은 세상 끝까지 나아가 모든 사람들에게 복음 전하라는 중요한 임무를 맡기신 후에 하늘로 올라가셨고 구름이 예수님을 가리어 보이지 않게 되었다. 이 구름은 하나님의 영광을 상징한다. 승천은 예수님께서 참으로 하나님이라는 사실을 증명하는 확실한 증거가 된다. 예수님께서 육체적으로 이 땅을 떠나 하늘에 있는 본향으로 돌아가신 것이다.

2) 제자들이 걱정할 때 천 사 가 나타나서 예수님은 하늘로 올라가신 그대로 다시 오신다고 하셨어요.

▷ 제자들이 자세히 하늘을 쳐다보고 있을 때 천사들이 그들 곁에 나타났다. 그 천사들은 방금 이루어진 사실을 확증하면서 예수님께서 하신 약속을 제자들에게 상기시켜주었다. 예수님이 하늘로 올라가신 그대로 다시 오신다는 예수님의 재림을 알려준 것이다.

3) 사도 바 울 은 예수님이 다시 오실 때 어떤 일이 일어날지 많은 사람들에게 알려주었어요.

▷ 사도 바울은 예수님께서 다시 사셨기 때문에 모든 신자들도 다시 살 것이라고 알려주면서 데살로니가 그리스도인들에게 그들의 소망은 부활에 있다고 상기시켜주었다. 그러므로 우리는 사랑하는 사람이 죽거나 세상에서 슬픈 일이 생겨도 절망해서는 안 된다. 바울이 부활의 약속으로 데살로니가 신자들을 위로했듯이 우리도 이 위대한 소망으로 각 사람을 위로하고 확신을 주어야 한다.

4) 오래 참으며 믿음으로 예수님을 잘 기다린 사람들은 예수님이 하 나 님 나라로 데리고 가실 거예요.

▷ 예수님께서 다시 오실 때 오래 참으며 믿음 안에서 깨든지 자든지 소망으로 예수님을 기다린 사람들은 예수님이 하나님 나라로 데리고 가실 것이다. 다시 오실 예수님은 죄인을 위해 죽으신 그리스도시기에 우리의 구원은 확실하다.

03 나누어봐요!

1) 예수님이 하늘로 올라가셔서 안보이자 제자들이 앞일을 걱정하며 한숨 쉴 때 하늘에서 누가 나타났나요?

▷ 예수님은 제자들과 40일을 함께 보내신 후에 승천하셨다. 흰 옷을 입은 두 천사들이 제자들에게 예수님은 떠나실 때의 모습 그대로 다시 돌아오실 거라고 선포하였다. 우리는 예수님의 갑작스런 재림에 준비해야 한다.

2) 예수님은 어떤 사람을 하나님 나라와 무서운 지옥으로 데리고 가실까요?

▷ 예수님이 이 세상에 재림하실 때 예수님은 오래 참으며 믿음으로 예수님을 기다린 사람들은 천국으로, 예수님 재림 약속을 믿지 않고 자기 뜻대로만 살았던 사람들은 지옥불에 던지실 것이다. 이 세상을 살아갈 때는 믿음과 함께 경건한 인내가 필요하다. 하나님이 사람들에게 오래 참으시기에 그리스도인들도 오래 참아야 한다.

04 적용해봐요!

1) 예수님이 다시 오실 때 어떻게 맞이하면 좋을지 서로 이야기해 보세요. 그리고 아직도 예수님을 모르는 친구가 있다면 어떻게 전도할지 이야기 해 보세요.

▷ 예수님이 이 세상에 언제 다시 오실지는 아무도 모른다. 오직 하나님만 아신다. 예수님이 언제 다시 오실지 모르니 기도와 인내로 기다리도록 한다.

2) 일주일 동안 참고 인내한 일이 무엇인지 한 사람씩 돌아가면서 이야기해 보세요.

▷ 어려움과 힘든 일이 있어도 믿음 잃지 말고 인내해야 한다. 그래야 예수님이 다시 오실 때 상을 받을 수 있다. 일주일동안 어떤 어려움을 참고 잘 견디어냈는지 한 사람씩 돌아가며 이야기한다. 그리고 교사가 격려를 하고 마침기도를 한다.

05 기도해요!

사랑의 하나님! 믿음 잃지 않고 참고 인내할 수 있게 도와주세요. 그리고 다시 오실 예수님을 잘 맞이할 수 있게 도와주세요.

단어풀이 **지옥** : 구원받지 못한 사람이 심판 후 영원히 형벌받기 위해 가는 곳

31주 베풂을 기뻐하시는 하나님

핵심 구절 여호와께서 엘리야로 하신 말씀 같이 통의 가루가 다하지 아니하고 병의 기름이 없어지지 아니하니라 (열왕기상 17장 16절)

본문말씀 : 열왕기상 17장 8~24절

01 무엇일까요?

양 선 이라는 말은 착한 마음을 갖고 어려운 사람을 도와주는 것을 말합니다. 가난하여 배고픈 사람들에게 먹을 것을 주고 아픈 사람들의 상처를 치료해주는 것을 말합니다. 하나님은 어려운 사람을 도와주시는 것을 좋아하십니다.

02 풀어봐요!

1) 아들과 둘이 사는 아줌마는 몇년동안 비가 안내려서 이제 밀 가 루 와 기름이 하루 먹을 것 밖에 없었어요.

▶ 가나안종교 중심지인 시돈과 두로 중간에 위치한 사르밧은 극심한 가뭄에 시달리고 있었다. 과부도 밀가루와 기름이 하루 먹을 분량 밖에 없어서 마지막 식사를 하고 아들과 함께 죽을 결심을 했다.

2) 엘 리 야 선지자가 아줌마 집을 찾아와서 물 한 모금과 빵 한 개 좀 달라고 부탁했어요.

▶ 사르밧 과부는 비록 이방인의 땅에 살고 있었지만 하나님께서 받으시기에 합당한 여인으로 살고 있었다. 가뭄이 들었을 때, 가장 귀한 것 중에 하나가 물이다. 그녀가 하나님이 예비한 여인이라면 최후의 식사를 엘리야에게 돌리며, 엘리야가 전하는 복음을 받아들일 것을 시험한 것이다.

3) 아줌마는 마지막 남은 밀가루와 기름으로 정성껏 빵 을 만들어 엘리야 선지자에게 드렸어요.

▶ 결국 사르밧 과부는 엘리야와 그의 하나님을 선택하였다. 현실은 삭막하고 비참하기 그지없었지만 이런 극단적인 상황 속에서도 과부는 엘리야에게 식사를 제공했으며 이 선택은 그녀가 받은 최선의 빛을 따라 산 평소의 생활이 낳은 선택이었던 것이다.

4) 하나님은 비 가 내릴 때까지 3년반 동안 아줌마 집의 밀가루통과 기름병을 가득 채워주셨어요.

▶ 사르밧 과부는 자기의 적은 양식을 가지고 엘리야와 나누었다. 그 보답으로 그의 생명과 아들의 생명이 보존되었다. 하나님은 과부의 집에 복을 주셔서 비가 내릴 때까지 곡식가루와 기름이 떨어지지 않게 하셨다. 이렇듯 하나님은 사람들에게 일용할 양식을 주시는 분이다.

03 나누어봐요!

1) 하나님 말씀을 전하는 엘리야 선지자는 아들과 둘이 사는 아줌마 집을 찾아와 무엇을 달라고 했나요?

▶ 하나님 말씀을 전하는 엘리야도 사르밧 여인들 가운데 누가 예비된 자인지는 알 수는 없었을 것이다. 그래서 엘리야는 누가 하나님이 예비한 여인인지 알고 싶어서 시험하였다. 그 시험이 바로 물과 떡이었다. 엘리야가 사르밧에 도착하였을 때, 제일 먼저 요청한 것이 물이었으며 그 다음으로 떡을 요청하였다.

2) 엘리야 선지자가 아줌마가 준 빵을 먹고 집을 떠났을 때 아줌마 집에는 어떤 일이 일어났나요?

▶ 사르밧 과부는 하나님의 사람 엘리야에게 물과 빵을 대접했고 엘리야 선지자가 그것을 먹고 떠나자 과부의 집에는 비가 지면에 내리는 날까지 밀가루통의 가루가 떨어지지 아니하고 기름병의 기름이 없어지지 아니하였다. 사르밧 과부의 순종은 자신과 어린 아들의 목숨을 여호와 하나님께 맡기고 드리는 행위였다.

04 적용해봐요!

1) 내가 가진 것 중에 어떤 것을 하나님과 이웃을 위해 나눌 수 있는지 서로 이야기해 보세요.

▶ 하나님은 아주 작은 거라도 나눌 수 있는 사람을 좋아하신다. 하나님 믿는 사람은 이웃을 돕고 사랑을 실천하는 사람임을 알게 하고 나누는 삶을 살도록 가르친다.

2) 주위에 도와주어야 할 사람이 누구인지 그리고 어떻게 도울 수 있는지 함께 이야기해 보세요.

▶ 어려운 사람을 위해 가진 것을 나누는 일을 실천하며 살도록 지도한다.

05 기도해요!

사랑의 하나님! 갖고 있는 작은 것으로 베풀고 나누고 착하게 살아서 하나님께 큰 축복받는 믿음의 자녀가 되게 해주세요.

단어풀이 **모금** : 물을 한 번 입에 머금는 분량을 세는 단위를 나타내는 말

32주 열심 있는 순종을 기뻐하시는 하나님

핵심 구절 디모데의 연단을 너희가 아나니 자식이 아버지에게 함같이 나와 함께 복음을 위하여 수고하였느니라 (빌립보서 2장 22절)

본문말씀 : 빌립보서 2장 19~24절

01 무엇일까요?

충성이라는 말은 하나님께 혹은 윗사람의 말씀에 순종하여 최선을 다하는 것을 말합니다. 힘들고 어려워도 맡겨진 일에 꾀를 부리거나 게으르지 않고 열심히 일하는 것을 말합니다. 하나님은 우리들의 열심히 순종하는 것을 기뻐하십니다.

02 풀어봐요

1) 디모데는 어렸을 때부터 어머니 유니게의 기도와 할머니 로이스의 성경 말씀을 들으며 자랐어요.

▶ 디모데의 어머니 유니게와 외할머니 로이스는 초창기의 기독교 개종자들이다. 그들은 아마 고향인 루스드라에서 바울의 사역을 통해 회심했을 것이다. 디모데의 부친이 헬라인으로 신자가 아니었을 수도 있지만, 외할머니와 어머니는 강한 기독교 신앙을 디모데에게 물려주었다.

2) 청년 디모데는 바울에게 예수님의 가르침을 배우고, 어떻게 살아야 예수님이 기뻐하시는지에 대해서도 배웠어요.

▶ 바울은 청년 디모데에게 하나님 말씀과 교회 지도자로서 해야 할 일을 가르쳐주었다. 그리고 하나님의 은사를 다시 불일듯 하게 하라고 권면해주었다. 바울은 디모데가 계속 믿음 안에서 담대히 전도하며 복음을 선포하라고 권면하였다.

3) 디모데는 바울에게 성경을 배우면서 바울과 함께 전도여행을 다니며 많은 사람들에게 복음을 전했어요.

▶ 온유하고 충성스런 성품과 훌륭한 인품을 소유한 디모데는 바울의 고백처럼 사랑하고 진실한 아들이 되기에 부족함이 없었다. 믿음 안에서 참 아들이 된 디모데는 바울이 2차 전도여행에 동행케 하였다. 유대인들의 반발을 막기 위해 할례를 받고 장로회에서 안수까지 받은 디모데는 본격적으로 바울의 동역자로서 부족함이 있을 수 없는 훌륭한 목회자이었다.

4) 바울은 자신이 교회를 방문하지 못할 때는 자기 대신 디모데를 보내서 복음을 전하게 했어요.

▶ 바울은 디모데와 함께 전도 여행을 할 뿐만 아니라 자신을 대신하여 각 교회에 파송하여 자신의 빈 자리를 채워 복음을 전하게 하였다.

03 나누어봐요

1) 디모데는 어렸을 때 어떻게 믿음 생활을 했나요?

▶ 디모데는 어려서부터 외할머니 로이스와 어머니 유니게 속에 있는 거짓 없는 믿음을 청결한 양심으로 물려받았다. 바울은 디모데의 성장 배경을 회상하며 디모데가 어려서부터 성경을 알았으므로 성경은 디모데로 하여금 그리스도 예수 안에 있는 믿음으로 말미암아 구원에 이르는 지혜가 있게 하였다고 했다.

2) 디모데가 청년이 되었을 때는 누구에게 하나님 말씀을 배웠나요?

▶ 바울은 디모데를 제자라고 불렀다. 아들 같은 제자인 것이다. 바울이 기록한 성경을 바울 서신이라고 하는데 이 편지 중에서 6개가 바울과 디모데가 공동으로 쓴 편지이다. 디모데는 바울의 제자이며 아들로 멘토링의 대상이었다. 인생은 누구를 만나고 누구를 멘토로 삼느냐에 따라 성공여부가 결정되는 것을 흔히 볼 수 있다.

04 적용해봐요

1) 하나님께서 기뻐하시는 충성된 일꾼이 되기 위해서 어떻게 해야 하는지 서로 이야기해 보세요.

▶ 디모데는 어려서부터 하나님 말씀을 잘 배웠기 때문에 충성된 일꾼이 되었다. 하나님께 충성할 수 있는 기회가 주어졌을 때 열심히 일해야 함을 알려준다. 그리고 최선을 다하여 정직하게 일해야 함을 알게 한다.

2) 성경에서 본받고 싶은 사람은 누구인지 그리고 그 이유가 무엇인지 한 사람씩 돌아가며 이야기해 보세요.

▶ 디모데는 사도 바울을 본 받고 싶어 했다. 이 처럼 한 사람씩 돌아가며 그 이유도 함께 말해보도록 한다. 그리고 본받는 삶을 위해 어떻게 해야 할지 지도해 준다.

05 기도해요

사랑의 하나님! 저희들도 디모데처럼 하나님을 사랑하고 교회를 잘 섬기는 착하고 충성된 일꾼이 되게 해주세요.

단어풀이 **복음** : 하나님이 예수님을 통해 알려주신 복된 소식

33주 지나친 것을 싫어하시는 하나님

핵심 구절 다니엘은 뜻을 정하여 왕의 음식과 그가 마시는 포도주로 자기를 더럽히지 아니하리라 하고 (다니엘 1장 8절)

본문말씀 : 다니엘 1장 1~21절

01 무엇일까요?

절제라는 말은 지나치지 않고 적당히 하는 것을 말합니다. 할 것과 하지 말 것을 구별하고 먼저 할 것과 나중에 할 것을 구분하여 일하는 것을 말합니다. 하나님은 우리들이 절제하기를 원하십니다.

02 풀어봐요!

1) 바벨론 왕은 포로로 잡혀온 많은 유대인들 중에 훌륭한 재능이 있는 학생들은 왕궁에서 공부시켰어요.

▷ 이스라엘이 바벨론 제국의 침략으로 멸망하여 이스라엘 백성들이 포로로 잡혀갔는데 그 중에 다니엘과 다니엘의 친구들인 하냐냐, 미사엘, 아사랴가 있었다. 바벨론 왕은 포로 중에 재주 있는 소년들을 데려다가 그 나라의 학문과 방언을 배우게 하였다.

2) 포로로 잡혀온 다니엘과 세 친구들은 임금님이 내려주신 고기와 술이 우상 제물로 바쳐진 음식인 것을 알고 손도 안댔어요.

▷ 다니엘과 세 친구들이 왕궁에 들어가도록 선택되었을때 왕궁에서 왕이 내리는 음식을 먹어야 했다. 그러나 그들은 왕의 진미 중에 우상의 제물이나 가증한 식물이 있을까 염려되어 감독관에게 채식만 먹을 수 있도록 요청하였다.

3) 열흘동안 다니엘과 세 친구는 나물과 채소 종류만 먹었고 나머지 학생들은 임금님이 주신 고기와 포도주를 먹었어요.

▷ 다니엘과 세 친구는 감독관에게 열흘 동안 왕의 진미를 먹은 다른 소년들과 자신들을 비교해 보라고 하였다. 열흘이 지나서 다니엘과 친구들의 얼굴은 더욱 아름답고 살이 윤택하여 왕의 진미를 먹는 소년보다 나아 보였다. 비로소 감독관은 왕의 진미와 포도주를 거두어들이고 채식을 공급하게 된다.

4) 끝까지 절제하며 믿음을 지킨 다니엘과 세 친구는 더 건강하게 되었고 그 후로 바벨론 최고자리까지 오르게 되었어요.

▷ 다니엘은 뜻을 정하여 나를 더럽히는 것을 물리침으로 왕궁 생활을 시작하였다. 그리고서는 현실에 주어진 모든 배움과 훈련에 대해서는 어느 누구보다도 앞서갔다. 위기 때마다 왕의 꿈을 해몽하고, 역사를 주관하시는 분은 하나님이심을 밝혔다. 자신의 신앙을 지킴과 동시에 왕의 신뢰도 얻게 되어 바벨론에 이어 페르시아 시대에는 총리의 자리에까지 오르게 된다.

03 나누어봐요!

1) 다니엘과 세 친구들은 임금님이 내려주신 고기와 술을 왜 먹지 않았나요?

▷ 하나님의 백성들은 그들 주변의 타락하고 부정한 세상으로부터 구원받는 일에 대하여 감사함을 나타내었다. 하나님의 성령께서 거하시는 성전인 몸에 부정한 어떤 것을 들여보내는 일은 하나님의 이상에 못미치는 일이었기 때문에 다니엘과 세 친구들은 임금님이 내려주신 진미를 먹지 않았다.

2) 끝까지 절제하며 믿음을 지킨 다니엘과 세 친구는 어떻게 되었나요?

▷ 오래 주저하지 않고 끝까지 자신의 고결함을 위하여 세상과 타협이 아니라 하나님을 뜻을 선택하여 끝까지 절제하면서 결단함으로 믿음을 지킨 다니엘과 세 친구는 느브갓네살, 벨사살, 다리오 왕 때에 막강한 권세를 가지게 되었다.

04 적용해봐요!

1) 내가 갖고 있는 나쁜 생활습관과 식습관이 무엇인지 그리고 그것을 고치는 방법이 무엇인지 이야기해 보세요.

▷ 다니엘과 세 친구는 술과 우상에게 받쳐진 음식을 안 먹었다. 하나님은 믿음의 결정을 축복해 주셨다. 따라서 우리의 나쁜 습관이 무엇이 있는지 생각해보고 바른 결정을 하도록 도와준다.

2) 하나님께서 싫어하시는 일이 무엇이며 그 일을 어떻게 하면 좋을지 서로 이야기해 보세요.

▷ 우리가 하는 일 속에서 하나님이 싫어하시는 일이 무엇인지 이야기 해 본다. 그리고 그 일을 어떻게 멈추며 줄일 수 있는지 지도한다.

05 기도해요!

사랑의 하나님! 저희들 모두가 자기 자신을 절제하고 믿음을 지켜서 축복의 삶을 사는 지혜의 아들딸이 되게 해주세요.

단어풀이 **진미** : 음식의 썩 좋은 맛

34주 순종을 원하시는 하나님

핵심 구절 이에 아브람이 여호와의 말씀을 따라갔고 롯도 그와 함께 갔으며 아브람이 하란을 떠날 때에 칠십오 세였더라 (창세기 12장 4절)

본문말씀 : 창세기 12장 1~9절

01 무엇일까요?

순종이라는 말은 하나님과 윗사람의 말씀에 대꾸하지 않고 순순히 따르는 것을 말합니다. 하나님과 윗사람의 말씀에 순종하는 사람은 칭찬과 축복을 받습니다. 하나님은 언제나 우리가 순종하기를 원하십니다.

02 풀어봐요

1) 갈대아 우르 사람들은 매일 우상 앞에 절했지만 아브라함은 이곳에 살면서도 오직 하나님만 열심히 믿었어요.

▶ 당시 갈대아 우르는 우상숭배의 중심지요, 물질주의의 중심지였다. 하지만 아브라함은 갈대아 우르에 살면서도 하나님만을 열심히 섬기며 믿음 안에서 살았다. 하나님은 타락한 세속의 도시에서 아브라함을 불러내어 축복의 땅으로 인도하기를 원하셨다.

2) 하나님은 아브라함을 불러서 우상만 섬기는 갈대아 우르를 떠나면 큰 복을 주겠다 하셨어요.

▶ 하나님은 아브라함을 부르셔서 그가 태어난 고장과 아비 집을 떠나서 새로운 땅으로 가라고 명령하셨다. 이러한 하나님의 소명에는 분명한 목적이 있다. 하나님의 부르심에 응답하여 순종할 때 큰 민족을 이루는 엄청난 축복을 허락하신 것이다.

3) 아브라함이 하나님 말씀에 순종해 가나안 땅에 도착했을 때 하나님은 여기서 큰 나라가 되게 해주겠다고 하셨어요.

▶ 아브라함이 가나안 땅에 도착했을 때 하나님은 아브라함과 그 후손을 위하여 아브라함이 큰 민족을 이루고 하나님이 아브라함의 이름을 크게 하며 축복해주겠다고 약속하셨다. 후손의 약속과 땅의 약속이 언약 안에서 통합되고 계대성의 원칙에 따라 아브라함 언약은 대대로 영원한 언약이 되었다.

4) 아브라함은 하나님이 약속하신 땅에 들어온 것이 너무 기뻐 제단을 쌓고 하나님께 감사예배 드렸어요.

▶ 약속의 땅 가나안에 들어간 아브람의 최초의 행위는 여호와를 위하여 단을 쌓는 일이었다. 아브람은 그의 장막을 옮길 때마다 자기의 길을 인도하신 하나님께 대한 감사와 계속적인 하나님의 인도를 바라며 최우선적으로 하나님께 예배를 드렸던 것으로 보인다.

03 나누어봐요

1) 아브라함은 갈대아 우르를 떠나라는 하나님 말씀을 듣고 어떻게 했나요?

▶ 아브라함은 지금까지 의지하던 모든 것을 버리고 이제부터는 본토를 떠나라고 명령하신 하나님만 의지하며 살겠다고 결단하고 하나님 말씀에 그대로 순종했다.

2) 하나님은 가나안 땅에 도착한 아브라함에게 무엇을 약속해 주셨나요?

▶ 아브라함과 그의 자손들에게 주어진 하나님의 약속들은 다양한 요소를 포함하는데, 크게 자손과 땅 그리고 복에 대한 세 가지 약속으로 요약할수 있다. 우여곡절을 겪으면서 믿음이 자라고 가나안이 상징하는 천국을 소유하는 믿음의 조상이 된 것이다.

04 적용해봐요

1) 하나님께서 명령하신 내용을 성경에서 찾아 읽고 어떻게 실천할지 이야기해 보세요.

▶ 하나님 말씀은 "싫어요" 하는 것이 아니라 "네" 라고 대답하고 순종하는 것임을 알게 하고 지도한다.

2) 하나님 말씀에 순종해서 어떤 축복을 받았는지 서로 이야기해 보세요.

▶ 하나님 말씀에 순종해서 받은 축복을 서로 이야기 하는 시간을 갖는다. 그리고 어떻게 감사해야 하는지 가르치고 실천하도록 지도한다.

05 기도해요

사랑의 하나님! 저희들도 아브라함처럼 하나님 말씀에 순종해서 축복받게 해주세요.

단어풀이 **타락** : 올바른 길에서 벗어나 나쁜 길로 빠짐

35주 감사의 마음을 좋아하시는 하나님

핵심구절 나는 여호와로 말미암아 즐거워하며 나의 구원의 하나님으로 말미암아 기뻐하리로다 (하박국 3장 18절)

본문말씀 : 하박국 3장 1~19절

01 무엇일까요?

감 사 라는 말은 마음으로 고맙게 생각하는 것을 말합니다. 선생님에게 가르침을 받았을 때 감사하다는 말을 해야 합니다. 그리고 누군가에게 선물을 받았을 때에도 감사하다는 말을 해야 합니다. 하나님은 감사하는 사람을 좋아하십니다.

02 풀어봐요!

1) 하박국 선지자는 나쁜 사람들이 하나님께 벌 받지 않고 오히려 잘먹고 잘사는 게 너무나 이해되지 않았어요.

▷ 유다나라 백성들은 간악하고 패역하였으며, 겁탈과 강포가 사라지지 않았다. 온 나라는 폭력이 난무하고 분쟁과 싸움이 끊이지 않았다. 그 결과 하나님의 율법이 해이해지고 공의가 시행되지 못했다. 하박국은 그러한 유다 사람들의 나쁜 모습에 하나님을 향해 "어느 때까지리이까?" 한탄하고 불평했다.

2) 불평하는 하박국 선지자에게 하나님은 바 벨 론 사람들을 보내 유다 나라를 멸망시킬 거라고 대답하셨어요.

▷ 하박국의 불평에 하나님의 대답은 유다 백성의 죄악을 심판하기 위해 바벨론 사람을 일으키겠다고 하셨다. 하지만 그들은 이스라엘보다 더 죄악된 자들이었다. 이에 하박국은 하나님께 다시금 항변하였다. 하박국은 바벨론 사람들이 하나님께서 쓰시는 심판의 도구인 것을 알지 못했다.

3) 무서워하는 하박국 선지자에게 하나님은 의로운 사람은 믿 음 때문에 살 것이라고 말씀하셨어요.

▷ 현상적으로만 보면 악인이 의인을 삼키며, 악인이 더욱 번창하는 것 같다. 하지만 하나님께서는 악한 사람은 자기 죄 때문에 반드시 망하지만, 의로운 사람은 믿음 때문에 살 것이라고 알려주셨다. 우리는 다 알 수 없지만 하나님은 깊고 오묘한 섭리 가운데 선하시고 공의로운 역사를 이루시는 분이시다.

4) 하나님 말씀에 힘을 얻은 하박국 선지자는 가진 게 없어도 기뻐하며 하나님께 감 사 드렸어요.

▷ 하박국 선지자는 하나님의 심판의 소식을 듣고서 무엇이 기쁘고 즐거운 것인지를 알게 되었다. 세상의 소유가 많은 것이 복이 아니고 소유가 적다고 저주가 아닌 것을 알게 된 것이다. 그래서 하박국은 세상의 소유가 하나도 없다고 할지라도 자신은 하나님으로 인하여 즐거워하고 기뻐하겠다고 감사기도를 드렸다.

03 나누어봐요!

1) 하박국 선지자는 왜 하나님께 짜증내며 불평하는 기도를 했나요?

▷ 사람들은 하나님과 그 말씀을 우습게 여겼습니다. 하박국은 하나님께서 왜 그 모든 죄악을 묵인하시는지 이해할 수가 없었다. 하박국은 하나님의 공의를 사모했고 하나님의 공의가 이루어지기를 바랐다.

2) 하나님 말씀에 힘을 얻은 하박국 선지자는 하나님께 어떤 기도를 드렸나요?

▷ 하박국은 하나님이 베풀어주신 수많은 은혜를 깨달았기에 어려움 한복판에도 승리하는 예배자가 될 수 있었다. 지금 어렵고 힘들어도 하박국은 하나님께 기뻐하고 감사한다고 고백할 수 있었다. 하박국은 어떤 조건 때문이 아니라 언제나 옳으신 하나님 때문에 감사했다.

04 적용해봐요!

1) 힘든 일이 있어도 감사할 일이 무엇인지 서로 이야기해 보세요.

▷ 하박국 선지자는 힘든 환경에서도 하나님께 감사했다. 하박국처럼 가진 게 없어도 늘 감사하는 사람이 하나님께 인정받는 사람임을 가르친다.

2) 하나님께 어떻게 감사하는 것이 좋을지 서로 이야기해 보세요.

▷ 하박국은 기도와 찬송으로 하나님께 감사를 했다. 그리고 비록 힘든 삶이지만 하나님께 순종함으로서 감사했다. 따라서 순종하는 삶을 살도록 지도한다.

05 기도해요!

사랑의 하나님! 저희들이 약하고 부족한 것이 많지만 그래도 너무 기쁘고 하나님께 감사드립니다.

단어풀이 **불평** : 마음에 들거나 차지 않아 못마땅하게 여김

36주 용기를 주시는 하나님

핵심 구절 예수께서 이르시되 딸아 네 믿음이 너를 구원하였으니 평안히 가라 네 병에서 놓여 건강할 지어다 (마가복음 5장 34절)

본문말씀 : 하박국 3장 1~19절

01 무엇일까요?

용 기 라는 말은 씩씩하고 용감한 마음을 말합니다. 무섭고 두려운 일을 피하지 않고 믿음을 갖고 맞서 싸우는 것을 말합니다. 하나님은 우리가 기도를 할 때 용기를 주십니다.

02 풀어봐요!

1) 12년 동안 혈 루 병 으로 고생한 여인은 예수님께 병고침 받기 위해 용기를 내어 예수님께 다가갔어요.

- 12년 동안 혈루병을 앓던 여인은 회당에서 예배할 수 없었으며 정상적인 사회적인 관계를 맺을수 없었다. 그녀와 접촉한 사람도 부정해지기 때문이다. 따라서 이 여인은 거의 문둥병자처럼 모진 취급을 당했다. 그 여인은 예수님에 관한 소식을 듣고 병고침 받기 위해 예수님께 다가갔다.

2) 사람들이 구박하고 욕했지만 혈루병 여인이 포기하지 않고 예수님 옷 에 손을 대자 혈루병이 나았어요.

- 혈루병 여인은 자기가 예수님 옷에만 손을 대어도 나을 것이라는 것을 알고 있었다. 그녀가 예수님의 옷에 손을 대기로 결정한 것은 거룩한 사람의 옷에는 영적인 치유 능력이 있다는 당시의 일반적인 믿음 때문이었다. 혈루병 여인이 예수님 옷에 손을 대자마자 그녀는 병이 나았다. 수년 동안 그 여인의 몸을 허약하게 했던 병이 순식간에 사라져 버린 것이다.

3) 병든 여인이 혈루병이 나아서 기뻐할 때 예수님이 손 을 댄 사람이 누군지 돌아보셨어요.

- 여인이 자기 몸에서 질병이 떠난 것을 느끼고 기뻐할 때 예수님도 치유하는 초자연적인 능력이 자기에게서 나간 것을 느끼셨다. 예수님은 어떤 일이 일어났는지 알아차리신 것이다. 예수님은 혈루병 여인이 자신이 치유받은 것을 철저하게 고백하길 원하신 것이다.

4) 혈루병이 낫게 된 여인이 예수님께 병 나은 것을 고백하자 예수님이 평 안 히 가라 하셨어요.

- 예수님은 혈루병 여인을 고쳐주시면서 이 여인에게 치유와 함께 그녀의 삶을 주셨다. 예수님은 혈루병 여인의 몸과 마음이 모두 평안하기를 바라셨다. 몸을 위해서 그녀의 건강을 새롭게 하시고, 영혼을 위해서 영원한 구원을 주셨다.

03 나누어봐요!

1) 12년 동안 혈루병으로 고생한 여인은 어떤 마음으로 예수님께 다가갔나요?

- 혈루병 여인은 예수님이 자신의 상태를 아시면 만지지 못하게 하실까 두려웠다. 혹은 만약 자기 질병이 사람들에게 알려지면 그녀를 만진 사람들이 자기도 모르게 부정한 사람이 된 것에 분노할까봐 두려운 마음으로 예수님께 다가갔다. 자기가 나을 수 있다는 믿음은 있었지만 가능하면 드러나지 않게 하려고 했던 것이다.

2) 예수님은 혈루병이 나은 여인을 어떻게 보내셨나요?

- 예수님이 혈루병 여인을 낫게 한 것은 자신의 옷이 아니라 자신을 고칠 수 있는 단 한 사람에게 손을 내민 혈루병 여인의 믿음이 치유를 가능하게 했다고 설명하셨다. 예수님이 혈루병 여인을 고치시고 평안히 가라고 하신 것은 평안 속으로 가라는 뜻이다. 혈루병 여인은 믿음을 가졌을 뿐만 아니라 그 믿음의 대상도 정확했다.

04 적용해봐요!

1) 나에게 어려움이 있다면 어떻게 하는 것이 가장 좋을지 서로 이야기해 보세요.

- 예수님은 우리의 문제를 해결할 수 있는 분임을 알게 한다. 따라서 아프거나 힘든 일이 있어도 용기와 믿음의 기도를 통해 예수님께 나아가도록 가르친다.

2) 어떤 기도를 매일 해야 하는지 기도내용을 적고 서로 이야기해 보세요.

- 용기는 힘을 내는 것이며 두려워하지 않는 것이다. 용기있는 기도는 하나님께 도와달라고 요청하는 것이며 매일같이 하는 것임을 알게 한다. 기도내용을 적게 하여 전체를 모아서 서로 나누고 계속 기도하게 한다.

05 기도해요!

사랑의 하나님! 저희들이 힘들 때마다 용기를 갖고 예수님 이름으로 기도하고 응답을 받는 축복을 주세요.

단어풀이 **혈루병** : 피가 멈추지 않고 계속해서 하혈하는 병

37주 정직하기를 원하시는 하나님

핵심구절 너는 그에게 말하여 이르기를 여호와의 말씀이 네가 죽이고 또 빼앗았느냐고 하셨다 하고 또 그에게 이르기를 여호와의 말씀이 개들이 나봇의 피를 핥은 곳에서 개들이 네 피 곧 네 몸의 피도 핥으리라 하였다 하라 (열왕기상 21장 19절) **본문말씀 : 열왕기상 21장 1~29절**

01 무엇일까요?

정 직 이라는 말은 거짓말하지 않고 바르게 말하고 행동하는 것을 말합니다. 나쁜 말을 하거나 남을 속이지 않고 착한 마음과 생각을 갖는 것을 말합니다. 하나님은 우리가 정직하기를 원하십니다.

02 풀어봐요!

1) 길을 산책하던 아합 왕은 나 봇 의 포도밭이 탐나 포도밭을 팔라고 했지만 나봇은 안 팔겠다고 했어요.

▶ 이스라엘에 있는 아합 왕의 궁궐 옆에 나봇의 포도밭이 있었는데, 이것이 아합의 관심을 끌었다. 그래서 아합은 나봇에게 아주 좋은 조건을 제시하며 포도밭을 자기에게 넘기도록 제안한다. 하지만 나봇은 이 포도밭은 아버지의 유산이기 때문에 줄 수 없다며 아합의 제안을 거절했다.

2) 아합 왕의 아내 이 세 벨 왕비는 나봇이 하나님과 왕을 저주하며 욕했다는 거짓말을 퍼뜨렸어요.

▶ 나봇이 포도밭을 팔지 않는다는 아합 왕의 말에 이세벨은 나봇과 함께 사는 장로, 귀족들에게 편지를 써보내어 금식을 선포하게 한다. 대체로 금식을 선포하는 이유는 닥친 환난을 돌이키게 하거나 환난을 가져온 죄에 대해 묻거나 아니면 하나님께 환난으로부터의 구원을 간구하기 위함이다. 그러나 이세벨은 나봇에게 죄를 뒤집어씌우기 위해 금식을 선포하고 나쁜 계획을 세운 것이다.

3) 이세벨 왕비 때문에 착한 나봇은 억울하게 성밖으로 끌려 나가 돌 에 맞아 죽고 포도밭을 빼앗겼어요.

▶ 어떤 사람에게 죽음을 선고하기 위해서는 두 사람 이상의 증인이 필요하다. 그리고 율법에는 하나님이나 백성의 지도자에게는 저주나 악담을 하지 못하게 되어 있으며 또 율법에는 하나님만 저주해도 그 사람을 돌로 쳐 죽이게 되어 있다(레 24:13~16). 이세벨의 계획대로 나봇이 하나님과 왕을 저주했다는 거짓 증언을 하게 하여 나봇은 율법에 따라 돌에 맞아 죽게 되고 포도밭은 이세벨의 차지가 되었다.

4) 화가 나신 하나님은 엘 리 야 선지자를 아합 왕에게 보내서 큰 벌을 내린다 말씀하셨고 그대로 이루어졌어요.

▶ 아합은 엘리야를 원수로 부르고 있다. 아합이 악하게 된 것은 그의 아내 이세벨 때문이다. 아합은 엘리야의 하나님께서 큰벌 내리심에 대한 말을 듣고 옷을 찢고 베옷을 입고 금식하며 비통해 했다.

03 나누어봐요!

1) 아합 왕은 나봇의 포도밭을 어떻게 빼앗았나요?

▶ 아합은 더 좋은 포도밭으로 바꿔주든지 아니면 돈으로 지불하겠다고 관대한 조건을 나봇에게 제시하였다. 이스라엘에서 밭을 사거나 서로 비꾸는 것은 흔한 일이었다 하지만 나봇이 허락하지 않자 아합 왕은 이세벨을 통해 나봇에게 죄를 뒤집어씌워 포도밭을 빼앗았다.

2) 나봇의 포도밭을 뺏은 아합 왕과 이세벨 왕비는 어떤 벌을 받았나요?

▶ 하나님의 말씀이 엘리야 선지자에게 임하여 하나님은 엘리야를 통해 나봇의 피를 흘린 곳에서 아합도 죽어 개들이 그의 피를 핥을 것이고 또 이세벨도 죽어 성벽에서 개들이 먹어치울 것이라는 말과 함께 아합 왕에게 속한 자는 어른이나 아이나 할 것 없이 다 쓸어버려 그들이 성 안에서 죽으면 개들이 먹고 들에서 죽으면 새들이 먹을 것이다는 말을 아합에게 전하였다. 아합의 참회로 인해 하나님의 벌은 아합 당대가 아닌 그의 아들 대에 재앙이 내려졌다

04 적용해봐요!

1) 하나님은 남의 것을 빼앗는 것을 어떻게 생각하실까요? 그리고 어떤 벌을 주실지 서로 이야기해 보세요.

▶ 하나님은 남의 것을 탐내며 거짓말 하는 것을 매우 싫어하신다. 모두가 정직하고 착하게 살아야 한다는 것을 강조하고 가르친다.

2) 하나님은 욕하는 것을 어떻게 생각하실까요? 욕이 왜 나쁜 것인지 서로 이야기해 보세요.

▶ 사람에게 하는 욕은 마음에 상처가 된다. 그리고 욕은 우리 자신의 마음을 더럽히는 것임을 알게 한다.

05 기도해요!

거룩하신 하나님! 우리들이 거짓말하지 않고 정직하게 살아서 하나님 마음을 기쁘게 해드릴 수 있게 믿음을 주세요.

단어풀이 **저주** : 몹시 미워하는 상대에게 재앙이나 불행한 일이 일어나도록 빌며 바람

38주 섬기는 것을 기뻐하시는 하나님

핵심 구절 아브라함이 엉긴 젖과 우유와 하인이 요리한 송아지를 가져다가 그들 앞에 차려 놓고 나무 아래에 모셔 서매 그들이 먹으니라 (창세기 18장 8절)

본문말씀 : 창세기 18장 1~15절

01 무엇일까요?

배 려 라는 말은 어떤 사람에게든지 따뜻한 말과 착한 마음으로 대하는 것을 말합니다. 나의 생각과 말을 많이 하는 것이 아니라 상대방의 생각과 말을 존중해 주는 것을 말합니다. 하나님은 우리가 서로를 섬기는 것을 기뻐하십니다.

02 풀어봐요!

1) 아브라함과 아브라함의 아내 사라는 자 녀 가 없어서 슬프고 마음이 아팠어요.

▶ 하나님은 아브라함과 사라를 통해 하나님 나라를 이루어 가실 것을 약속하셨다. 하지만 아브라함과 사라는 이것을 쉽게 받아들일 수가 없었다. 그 이유는 현실적인 상황이 아브라함은 100세나 되었고, 사라는 90세가 되었기 때문이다.

2) 아브라함은 집에 낯선 세 사람이 찾아오자 기쁜 마음으로 모셔다 맛있는 음식으로 정성껏 대 접 했어요.

▶ 하나님은 소돔과 고모라성을 심판하시기 위해 그 곳에 직접 가시는 중에 일부러 아브라함의 집에 찾아가셨다. 아브라함은 하나님의 사자인줄 모르고 정성껏 대접을 하고 사라에게 음식을 준비하게 했다. 사람을 존중히 여긴다는 것은 하나님께서 기뻐하시는 것이다.

3) 아브라함이 대접한 세 사람은 하나님과 천사들이었고, 아브라함에게 아들이 있을 거라는 큰 축 복 을 내려주셨어요.

▶ 아브라함의 극진한 대접을 받은 하나님의 사자들은 아브라함에게 아브라함이 자녀를 낳게 된다는 소식을 전해주었다. 오랫동안 기다렸던 자녀 출생의 기쁜 소식을 전달받게 된 것이다.

4) 사라는 낯선 손님들 말에 비웃었지만 몇 달후 정말 점점 배가 부르더니 해가 바뀌어 아들 이 삭 을 낳았어요.

▶ 하나님의 사자들이 아브라함에게 나타나서 사라에게 아들이 있으리라 했을 때 사라는 장막 뒤에서 숨어서 "내가 노쇠하였고 내 주인도 늙었으니 내게 어찌 낙이 있으리요"라며 속으로 비웃었지만 사라는 아들 이삭을 낳았다.

03 나누어봐요!

1) 아브라함은 낯선 손님들이 자기 집에 찾아왔을 때 어떻게 했나요?

▶ 아브라함은 애초부터 자기에게 찾아온 나그네들이 천사인 줄 알고 대접을 했던 게 아니라, 그저 길을 지나가는 나그네들을 친절히 대접했다. 그런데 나중에 알고 보니 하나님과 천사였다.

2) 아브라함에게 대접받은 낯선 세 사람은 누구였고, 아브라함에게 어떤 축복을 내려주었나요?

▶ 아브라함이 낯선 손님들에게 달려가서 집안으로 영접해 들인 것은 그들이 존귀하고 훌륭하게 보이는 사람들이었기 때문이 아니었다. 오로지 먼 여행에 지친 모습으로 길을 가고 있는 휴식과 음식이 필요한 나그네들이었기에 아브라함은 그들을 정성껏 접대했던 것인데, 그것이 결과적으로 하나님과 천사를 영접한 것이 된 것입니다. 아브라함의 극진한 대접을 받은 하나님은 아브라함에게 내년 이맘때에는 반드시 아들을 주시겠다는 약속을 재확인해 주시는 축복을 내려주셨다.

04 적용해봐요!

1) 힘들고 어려운 친구와 이웃을 어떻게 도와줄 수 있는지 서로 이야기해 보세요.

▶ 하나님을 믿는 사람은 어떤 댓가도 바라지 않고 친절하게 돕는 삶을 살아야 한다. 왜냐하면 하나님으로부터 구원의 선물을 받았기 때문이다.

2) 힘들고 어려운 친구와 이웃을 어떻게 도울 수 있는지 서로 이야기해 보세요.

▶ 힘들고 어려운 친구와 이웃을 돕기 위하여 구체적으로 할 수 있는 내용을 정하고 실천하도록 한다.

05 기도해요!

사랑의 하나님! 하나님 말씀에 순종해서 어렵고 힘든 친구와 이웃에게 사랑을 실천하며 도와주는 삶을 살게 해 주세요.

단어풀이 **대접** : 음식을 차려 손님을 모심

39주 약속지키기를 원하시는 하나님

핵심구절 나를 사랑하고 내 계명을 지키는 자에게는 천 대까지 은혜를 베푸느니라. (출애굽기 20장 6절)

본문말씀 : 출애굽기 20장 1~17절

01 무엇일까요?

약속이라는 말은 부모나 친구와 만날 시간을 정하는 것을 말합니다. 그리고 주일에 하나님께 예배드리기 위하여 다른 곳에 가지 않고 즐거운 마음으로 교회로 오는 것을 말합니다. 하나님은 약속을 지키는 사람을 좋아하십니다.

02 풀어봐요!

1) 모세와 이스라엘 백성들은 종살이했던 애굽을 떠나 긴 여행을 하다가 드디어 시내산까지 오게 되었어요.

▷ 지도자 모세는 애굽에서 이스라엘을 탈출해 내는데 성공한다. 모세가 하나님의 능력으로 많은 이적을 행하였으며 이스라엘은 애굽에서 탈출시켜 홍해를 건너서 광야로 들어선지 3개월만에 시내산에 이르게 되었다.

2) 모세는 3 일 후에 하나님이 나타나시니 모두 몸을 깨끗이 씻고 시내산 밑에 모여있으라고 말했어요.

▷ 하나님은 모세에게 삼일째 되는 날에 시내산에 강림을 할 것이라 말씀하셨다. 모세는 하나님 말씀대로 백성들에게 성결케 하여 옷도 빨고 깨끗하게 씻어서 시내산 밑에 모여 있으라 명하였다.

3) 모세는 시내산 꼭대기로 올라가 40일 동안 하나님께 여러 가지 법을 배우고 십계명을 받았어요.

▷ 3일째가 되는 날 아침에 하나님은 시내산에 강림을 하셨다. 천둥번개가 요란하게 치고 있었고 빽빽한 구름이 산 위에 있고 온 산이 크게 진동하고 있었다. 모든 백성들은 두려워서 떨고 있었고 연기가 자욱하니 여호와께서 강림하셨다. 백성들은 가까이 하지 못하게 하였고 오직 모세만이 하나님께로 가까이 할 수 있게 허락하셨던 것이다. 이날 하나님이 시내산에 강림하셔서 모세에게 십계명을 주시게 된다.

4) 모세는 하나님과의 약속인 십계명을 들고 백성들에게 내려와 읽어주었어요.

▷ 모세는 하나님께 받은 십계명을 백성들에게 읽어주었고, 백성들은 하나님과의 약속인 십계명을 듣고 하나님의 법을 따르기로 결심했다.

03 나누어봐요!

1) 시내산 꼭대기로 올라가 모세는 40일 동안 하나님께 무엇을 받아서 내려왔나요?

▷ 모세는 시내산 꼭대기로 올라가서 사십일 밤낮을 하나님과 직접 이야기하며 두 개의 돌 판에 새겨진 '십계명'을 가지고 내려왔다.

2) 모세는 백성들에게 하나님께 받은 십계명을 어떻게 하며 살아야 한다고 알려주었나요?

▷ 십계명은 하나님의 구원 은총을 경험한 자들이 하나님의 은혜에 감사하는 마음으로 지켜야 할 신앙적인 응답의 핵심에 해당한다. 그 까닭에 모세는 백성들에게 십계명을 전하면서 반드시 지키고 따라야 한다고 알려주었다.

04 적용해봐요!

1) 하나님께서 명령하신 십계명을 믿음의 도전을 통해 외워보세요.

▷ 십계명은 하나님 사랑과 이웃 사랑이라는 두 개의 계명으로 요약할 수 있다. 하나님의 명령인 십계명을 지키면 복을 받는다는 것을 알려준다. 따라서 십계명을 외우고 실천하도록 격려한다.

2) 하나님과의 약속을 잘 지키기 위해 어떤 노력을 할 것인지 서로 이야기해 보세요.

▷ 십계명을 생각하면서 생활 속에서 그것을 어떻게 지킬 것인지 하나씩 이야기해 본다.

05 기도해요!

사랑의 하나님! 하나님 말씀에 순종해서 십계명을 잘 지켜 복 받게 해주세요.

단어풀이 **십계명** : 하나님이 모세를 통해 하나님의 백성이 지켜야 할 규범으로 주신 열 가지 계명

40주 필요한 것을 주시는 하나님

핵심구절 그 여인이 하나님의 사람에게 나아가서 말하니 그가 이르되 너는 가서 기름을 팔아 빚을 갚고 남은 것으로 너와 네 두 아들이 생활하라 하였더라 (열왕기하 4장 7절)

본문말씀 : 열왕기하 4장 1~7절

01 무엇일까요?

존중이라는 말은 다른 사람을 나 보다 높게 생각하는 것입니다. 상대방의 말을 끝까지 들어주는 것과 따뜻하게 대하여 주는 것을 말합니다. 하나님은 필요한 것을 주시며 우리를 존중해 주십니다.

02 풀어봐요!

1) 어떤 아줌마가 엘리사 선지자를 찾아와 울면서 빚을 갚지 않으면 두 아들이 노예가 된다는 어려운 사정을 얘기했어요.

▶ 한 여인이 엘리사를 찾아와 빚으로 인한 어려움을 호소하게 되었다. 당시 사회에서는 자신의 몸을 담보로 해서 돈을 빌리고 만일 약속 기한까지 갚지 못하면 그 돈에 해당하는 노동력을 제공하기 위해 종살이에 들어가야만 했다.

2) 엘리사는 아줌마 집에 기름 한 병이 있다는 것을 알고 빈그릇을 빌려와 그릇마다 기름을 부으라고 시켰어요.

▶ 엘리사는 비록 여인의 집에 남은 것이라고는 기름 한 병뿐이지만 그 여인에게 하나님의 무한하신 능력을 보여주기 위해 빈 그릇을 구할 수 있는 대로 빌려와 각 그릇마다 기름을 부으라고 했다. 이러한 엘리사의 말에는 여인의 믿음을 시험해 보려는 의도가 내포되어 있다. 그녀가 믿음이 크면 클수록 많은 그릇을 빌려올 것이고 반대로 믿음이 적으면 적을수록 그릇을 조금만 빌려올 것이라는 생각이었다.

3) 엘리사 말대로 아줌마와 두 아들이 한병의 기름으로 빈그릇에 기름을 채울 때마다 기름은 계속 넘쳐났어요.

▶ 여인과 아들이 동원할 수 있는 모든 그릇에 기름을 다 채우기까지 기름은 계속해서 흘러 나왔으며 모든 그릇이 다 찬 후에야 비로소 기름이 나오지 않았다. 그 여인이 그릇을 하나만 빌렸다면 기름은 한 그릇에만 채워졌을 것이며 열 개를 빌렸다면 그 열 개의 그릇에 다 채웠졌을 것이다.

4) 기뻐하는 아줌마에게 엘리사는 기름을 팔아 빚을 갚고 남은 돈으로 두 아들과 행복하게 살라고 했어요.

▶ 엘리사는 여인에게 기름을 팔아 빚을 갚고 남은 돈으로 아들들과 행복하게 살라고 알려주었다. 당시 이스라엘은 꿀 뿐만 아니라 밀, 기름, 유향 등을 갖고 주변 국가들과 무역을 하였기 때문이다.

03 나누어봐요!

1) 엘리사는 자신을 찾아와 어려운 사정을 말하는 아줌마에게 어떻게 하라고 알려주었나요?

▶ 엘리사는 여인에게 빈 그릇을 빌되 조금 빌지 말고 들어가서 문을 닫고 기름을 부으라고 알려주었다. 들어가서 문을 닫고 기름을 부으라고 한 것은 하나님이 베푸시는 은혜의 비밀스런 특징을 나타내는 것이다. 이와 같이 하나님의 은혜는 은밀한 교제 속에서 풍성히 내려지는 것이다. 문을 닫는 행위는 아무 것에게도 방해를 받지 않으려는 의도 때문이다.

2) 아줌마가 엘리사 선지자 말대로 잔뜩 빌린 빈 그릇 속에 갖고 있는 기름을 부으니 어떤 일이 벌어졌나요?

▶ 여인과 아들이 빌려온 빈 그릇마다 기름을 채우기까지 기름이 계속해서 넘쳐나왔으며 빌려온 모든 그릇이 다 찬 후에야 기름 나오는 것이 멈추었다. 여인의 하나님의 말씀에 대한 순종은 하나님의 놀라운 이적을 경험할 수 있는 것이다. 하나님은 말씀에 대해 순종하는 성도들에게만 은혜를 베푸신다는 것을 기억해야 한다.

04 적용해봐요!

1) 내 주위에 있는 힘들고 어려운 사람들을 따뜻하게 대해주는 것이 무엇인지 이야기해 보세요.

▶ 상대방을 존중해 주는 것은 그 사람의 입장에 서서 이해해 주는 것이며 따뜻한 말을 해 주는 것이다.

2) 힘들고 어려운 친구가 누구인지 생각해보고 어떻게 도와줄 수 있는지 적고 실천해 보세요.

▶ 서로 따뜻하게 대해주는 것이 복을 받는 것이며 어떻게 할 것인지 적고 실천하도록 지도한다.

05 기도해요!

사랑의 하나님! 저희들이 다른 사람의 어려운 사정을 살피고 누구든지 존중해서 하나님이 주시는 복을 받게 해주세요.

단어풀이 노예 : 남에게 자유를 빼앗겨 부림을 받는 개인이나 계층

41주 오랫동안 참으시는 하나님

핵심 구절 이에 예수께서 대답하여 이르시되 여자여 네 믿음이 크도다 네 소원대로 되리라 하시니 그 때로부터 그의 딸이 나으니라 (마태복음 15장 28절)

본문말씀 : 마태복음 15장 21~28절

01 무엇일까요?

인내라는 말은 화를 내지 않고 참는 것을 말합니다. 나에게 기분 나쁜 말이나 행동을 할 때에도 오랫동안 참고 견디는 것을 말합니다. 하나님은 오랫동안 참으시는 분입니다.

02 풀어봐요!

1) 하나님을 안믿는 가나안 사람들이 많이 사는 두로와 시돈 지방을 예수님이 제자들과 함께 찾아가셨어요.

▷ 예수께서는 두로와 시돈 지방으로 약 30마일(48km)을 여행하셨다. 이 도시들은 자부심이 강하고 역사가 깊은 가나안 족속들의 도시였다. 예수께서는 바리새인들의 반대를 피하시기 위해서 이방인 지역으로 물러나셨는데 이 도시는 사악함으로 유명해졌다. 두로의 왕은 심지어 신이라고 자처하기까지 했다.

2) 갑자기 가나안 여인이 예수님 앞에 엎드리더니 귀신 들린 자기 딸을 고쳐달라며 큰소리로 외쳤어요.

▷ 가나안 여인은 기적을 일으키는 예수님의 능력과 어떻게 귀신을 쫓아낼 수 있었는지 듣고 예수님을 만날 기회를 놓치지 않았다. 이 때 여인이 예수님을 "주 다윗의 자손"이라고 부른 것은 그녀가 유대인의 메시아이신 예수님의 신분을 인정했음을 보여준다. 이 여인은 귀신이 들려 괴로워하고 있는 자기 딸을 위해서 예수께 나아온 것이다.

3) 예수님이 모른 척 하셔도 계속 소리치자 예수님은 자녀들이 먹을 떡을 개에게 줄 수 없다 말씀하셨어요.

▷ 여인의 요청에 예수님이 응하시기를 명백히 꺼림에도 끄떡하지 않고, 가나안 여인은 계속 예수님께 절하며, 도움을 간청했다. 그러자 예수님은 자녀의 떡을 취하여 개들에게 던짐이 마땅하지 아니하다는 비유적 말씀을 하셨다. 이 말씀은 여인을 비난하신 것 보다는 하나님께서 유대인들을 위해 정하신 것을 그녀가 요구해서는 안된다는 말씀이었다.

4) 가나안 여인은 예수님 말씀이 섭섭했지만 계속 예수님께 매달리자 예수님은 여인의 믿음을 칭찬하시며 딸을 고쳐주셨어요.

▷ 예수님은 여인의 믿음과 인내로 인해 여인의 간청을 인정하셨다. 예수님이 치유를 행하실 수 있도록 여인은 믿음으로 간청을 했다. 예수님의 말씀은 그녀에게 더 큰 믿음을 도전하시려는 의도였고, 그녀는 그에 응답했다. 그녀는 예수님의 주권을 이해했고, 그분의 사명의 우선순위를 이해했다. 예수님은 여인의 믿음을 보시고 딸을 치유하셨다.

03 나누어봐요!

1) 가나안 여인이 제자들 틈을 뚫고 들어와 예수님께 자기 딸을 고쳐달라고 외칠 때 예수님은 어떻게 하셨나요?

▷ 예수님은 가나안 여인의 믿음을 시험하셨고 그 상황을 이용하여 믿음은 모든 사람에게 유효하다는 것을 가르치셨다. 예수님이 자녀의 떡을 취하여 개들에게 던짐이 마땅치 않다고 말씀하신 비유의 요점은 '우선권', 즉 누구를 먼저 먹여야 하는가 하는 것이었다.

2) 예수님은 가나안 여인의 딸을 왜 고쳐주셨나요?

▷ 예수님은 여인의 믿음에 경탄하셔서 "네 믿음이 크도다." 그 근거에서 예수께서는 가나안 여인의 딸을 치유하셨다. 이 기적은 귀신들에 대한 예수님의 권능이 너무도 커서 육체적으로 현장에 계실 필요도 없었거나, 또 누군가를 자유케 하기 위해 귀신을 향해 한 마디도 하실 필요조차도 없으셨다는 것을 보여주었다.

04 적용해봐요!

1) 몸이 아파서 하나님께 기도할 때 언제까지 기도해야 할까요?

▷ 기도는 하나님의 도움을 요청하는 것이다. 따라서 하나님이 듣고 응답하실 때까지 기다려야 한다. 기도는 하나님이 응답하실 때까지 계속해야 한다. 따라서 기다리는 훈련이 필요하다. 기다리지 않는 사람은 하나님의 응답을 받을 수 없다.

2) 오랫동안 기도해야 할 내용이 무엇인지 적고 서로 이야기해 보세요.

▷ 기도내용을 서로 이야기하게 한다. 그리고 그것을 놓고 함께 기도한다. 각자의 기도내용을 모아서 기도수첩을 만들고 함께 지속적으로 기도하도록 지도한다.

05 기도해요!

좋으신 하나님! 포기하지 않고 열심히 기도할 때 가장 좋은 때에 좋은 방법으로 응답해 주세요.

단어풀이 **치유** : 치료를 받고 병이 나음

42주 겸손한 사람을 좋아하시는 하나님

핵심 구절 예수께서 보시고 노하시어 이르시되 어린 아이들이 내게 오는 것을 용납하고 금하지 말라 하나님의 나라가 이런 자의 것이니라 (마가복음 10장 14절)

본문말씀 : 마가복음 10장 13~16절

01 무엇일까요?

겸 손 이라는 말은 상대방을 높이고 자기를 낮추는 것을 말합니다. 자기 자랑을 하지 않고 상대방을 귀하게 생각하고 칭찬하는 것을 말합니다. 하나님은 겸손한 사람을 좋아하십니다.

02 풀어봐요!

1) 예수님이 말씀을 전하실 때 갑자기 동네 어린이들이 예수님께 뛰어와서 축 복 기 도 해 달라며 졸랐어요.

▶ 사람들이 축복을 받기 위해 자기 아이들을 랍비에게 데리고 오는 것은 통상적인 일이었다. 따라서 사람들은 예수님께 만지시고 축복해 주시도록 아이들을 데려 왔고 아이들 또한 예수님께 기도해주기를 원했다.

2) 어린이들이 예수님께 다가오자 예수님 제 자 들 은 막 화내면서 어린이들을 쫓아냈어요

▶ 당시에 유대인 가정은 가부장적이었다. 즉 남자가 먼저고 그 다음은 여자, 그리고 맨 나중이 아이들이었다. 그 사회의 핵심 구성원들은 성인들이었으며, 아이들은 존재하지만 아무도 그들의 말을 들어주지 않았고 그들의 필요를 부차적인 것으로 여겼다. 제자들은 아이들을 예수님과 함께 조용한 시간을 가지지 못하게 하고 시간과 정력을 낭비하게 하는 또 다른 방해물로 보았기에 부모와 아이들을 꾸짖은 것이다.

3) 예수님은 제자들을 혼내시며 어린아이와 같이 겸 손 하지 않으면 하나님 나라에 가지 못한다고 하셨어요

▶ 예수님은 어린이 꾸짖는 제자들을 혼내시며 오히려 아이들이 예수님께 가까이 오는것을 금하지 말라 책망하셨다. 예수님은 하나님 나라에 들어가려면 어린아이와 같이 겸손과 믿음을 가지고 있어야 한다고 설명하셨다. 나이에 상관없이 그러한 믿음과 신뢰를 보이는 자는 누구나 예수님께, 그리고 하나님 나라에 가깝다고 약속하신다.

4) 예수님은 어 린 이 들을 품에 안으시며 한 명 한 명 머리에 손을 얹고 직접 축복기도해 주셨어요.

▶ 예수님은 한 아이씩 모든 아이들을 팔로 안고 안수하시고 축복해 주셨다. 예수님은 이 때 자기에게 데리고 오는 모든 아이들을 계속해서 시간을 내셔서 축복해 주셨다. 이것은 분명 시간이 걸리는 일이었지만, 예수님은 서둘러 이 과정을 끝내지 않으셨고 이 일을 하찮게 여기지도 않으셨다.

03 나누어봐요!

1) 예수님은 어린이들을 내쫓는 제자들에게 뭐라고 하셨나요?

▶ 예수님은 어린이를 내쫓는 제자들에게 아이들이 내게 오는 것을 용납하고 금하지 말라는 중복되는 명령을 하심으로써 제자들을 꾸짖으셨다. 어린이들은 겸손하게 예수께 나아왔으며 예수님의 축복을 선물로 받아들였다. 그것은 하나님이 우리를 사랑하시며 우리를 용서하셨다는 것을 알 때 가능하다.

2) 예수님은 하나님 나라를 가려면 어린이의 어떤 마음을 가져야 한다고 말씀하셨나요?

▶ 예수님은 어린아이와 같은 믿음과 겸손의 마음 가지고 자신을 믿어야 한다고 가르쳐주셨다. 이것은 천진난만해지거나 미성숙하거나 이기적이거나 버릇없는 사람이 되어야 한다는 뜻이 아니다. 다만 어린아이의 단순성과 신뢰, 섬김의 마음으로 하나님의 나라를 받들어 야 한다는 뜻이다. 하나님을 온전히 신뢰 할 수 없다면 결코 하나님 나라에 들어갈 수 없을 것이다.

04 적용해봐요!

1) 자신의 말을 잘 들어주고 친절하게 대해주는 선생님과 친구의 이름을 적어보세요.

▶ 교사는 그 이유를 묻고 그것이 친절이자 겸손이며 학생들이 가져야 할 자세라고 가르쳐 준다.

2) 성경의 인물 중에 우리의 말을 잘 들어주고 참 겸손하신 분이 누구인지 적어보세요.

▶ 이유를 말해보라고 한 다음 격려하고 정리해 준다. 가장 친절하고 겸손한 모델은 예수님임을 가르쳐주고 가난하고 병들고 장애인들을 치유케 하신 예수님의 마음과 삶을 닮도록 가르친다.

05 기도해요!

사랑의 하나님! 저희들 모두가 어린이처럼 순수하고 겸손한 마음을 갖고 예수님 닮도록 도와주세요.

단어풀이 섬김 : 공경하여 받들어 모시다

43주 잘 듣는 것을 좋아하시는 하나님

핵심 구절 사흘 후에 성전에서 만난즉 그가 선생들 중에 앉으사 그들에게 듣기도 하시며 묻기도 하시니
듣는 자가 다 그 지혜와 대답을 놀랍게 여기더라 (누가복음 2장 46~47절)

본문말씀 : 누가복음 2장 41~52절

01 무엇일까요?

경 청이라는 말은 귀를 기울여 상대방을 말을 주의 깊게 듣는 것을 말합니다. 설교를 잘 듣거나 부모님의 말씀을 잘 듣는 것을 말합니다. 하나님은 잘 듣는 것을 좋아하십니다.

02 풀어봐요!

1) 예수님은 12살 되던 해 어른 됐다는 뜻으로 부모님과 함께 예 루 살 렘 성전에 예배드리러 가셨어요.

▷ 예수님은 하나님의 율법을 순종하고 연례 절기들을 지키는 가정에서 성장하셨다. 해마다 예수님과 예수님의 부모인 마리아와 요셉은 다른 유대인 가족들과 함께 유월절을 당하면 예루살렘으로 갔다. 그래서 예수님이 열두 살 되던 해 어김없이 예수님 가족은 유월절 절기의 전례를 좇아 예루살렘으로 올라갔다.

2) 유 월 절 행사를 다 마치고 사람들은 모두 고향으로 내려갔지만 아무리 찾아도 예수님은 보이지 않았어요.

▷ 유월절 축제에 참석한 사람들은 팔레스틴의 도로 곳곳에 나타나는 강도들로부터 그들을 보호하기 위해 무리 지어 여행하였다. 열두 살 예수님은 어느 쪽이든 상관없었을 것이기 때문에 마리아와 요셉은 어디든 함께 동행하고 있을 것이라고 생각하였는데 예수님을 찾을 수 없었다.

3) 다시 예루살렘으로 되돌아간 요셉과 마리아는 사 흘 이 지나서야 성전에서 예수님을 찾을 수 있었어요.

▷ 마리아와 요셉은 여행자들 중에 예수님이 없다는 것을 알게 되자 그를 찾으면서 예루살렘에 돌아갔다. 참으로 다행스러운 것은 예수님을 성전에서 만났다는 것이다. 아마 그 장소는 성전 뜰이었을 것이다.

4) 예수님은 성전에서 제사장과 박사님들의 성 경 말씀을 열심히 듣고 계셨어요.

▷ 유월절이 되면 유대의 가장 위대한 랍비들이 위대한 진리를 가르치고 토론하기 위해 자발적으로 모여들었다. 오실 메시아에 대한 주제는 틀림 없이 인기 있는 토론 주제 중 하나였을 것이다. 모든 사람들이 그의 오심을 기다렸을 것이기 때문이다. 소년 예수님은 토론 내용을 경청하고 탐색을 위한 질문을 제기하는데 열중하고 계셨다.

03 나누어봐요!

1) 예수님이 12살 되던 해 유월절에 부모님과 함께 어디 가셨나요?

▷ 하나님의 율법에 따르면 이스라엘의 모든 남자는 1년에 세번 큰 명절이 있을 때 예루살렘으로 올라가야 할 의무가 있었다. 봄에는 1주일간 무교절을 지낸 후 곧 바로 유월절을 기념하였다. 유월절은 연례 세 절기 중 가장 중요한 절기 였다. 예수님은 하나님의 율법을 순종하고 연례 절기들을 지키는 가정에서 성장하셨기 때문에 부모님과 함께 예루살렘 성전에 가셨다.

2) 마리아와 요셉은 다시 예루살렘으로 돌아가서 예수님이 뭐하고 계실 때 찾았나요?

▷ 마리아와 요셉이 성전에서 예수님을 찾았을 때 예수님은 대제사장들과 토론에 열중하고 계셨고 걱정을 많이 했던 마리아는 이런 예수님을 질책하셨다. 하지만 대제사장과 선생들이 예수님을 기이히 여긴 것은 예수님의 어린 나이가 아니라 그가 가진 지혜의 깊이였다.

04 적용해봐요!

1) 설교와 공과 시간에 우리는 어떤 마음과 자세로 들어야 할까요?

▷ 예수님은 어릴 때부터 하나님 말씀을 배우는 것을 좋아하셨고 선생님으로부터 칭찬을 들으셨다. 이와 마찬가지로 바른 자세로 설교를 잘 듣고 열심히 공과공부를 해야 함을 가르친다.

2) 오늘 예배 시간에 바른 자세로 열심히 참여한 친구가 누군지 이름을 적어 보세요.

▷ 예배에 올바른 자세로 참여하는 것은 칭찬받아야 할 일이며 서로 격려하는 시간을 갖는다.

05 기도해요!

예배를 받으시는 하나님! 저희들도 예수님처럼 하나님 말씀을 잘 듣고 배워서 칭찬받는 하나님의 일꾼이 되게 해주세요.

단어풀이 **유월절** : 유대의 3대 절기 중 하나

44주 믿음이 좋은 사람을 사랑하시는 하나님

핵심구절 예수께서 즉시 손을 내밀어 저를 붙잡으시며 가라사대 믿음이 적은 자여 왜 의심하였느냐 하시고 (마태복음 14장 31절)

본문말씀 : 마태복음 14장 22~33절

01 무엇일까요?

신 뢰 라는 말은 마음으로 믿는 것을 말합니다. 하나님을 믿는 것을 말하며 부모님과 선생님께 순종하고 따르는 것을 말합니다. 하나님은 믿음이 좋은 사람을 사랑하십니다.

02 풀어봐요!

1) 예수님이 기도하시는 동안 제 자 들 만 배타고 바다를 건너는데 한밤에 바람과 파도로 배가 흔들렸어요.

▶ 예수님은 무리를 떠나 기도하러 혼자서 산에 올라가셨다. 배에 남겨진 제자들은 바람을 만나 항로를 잃었고, 배에서 바다와 싸우며 물결로 말미암아 고난을 당했다.

2) 바다 위를 걸어오시는 예수님을 향해 베 드 로 는 나도 바다 위를 걷게 해달라고 큰 소리로 외쳤어요.

▶ 예수께서는 제자들이 절박한 필요에 처해 있을 때에 예기치 않은 도움과 격려를 가지고 바다 위를 걸어오셨다. 예수님의 임재 가운데 두려움은 해소될 수 있었다. 베드로는 배에 있는 사람들 가운데 믿음으로 반응한 유일한 사람이다. 그의 충동적인 요청은 그로 하여금 하나님 능력의 비상한 증시를 경험하게 해주었다.

3) 예수님 말씀을 들은 베드로는 바다 위를 걷게 되었지만 강한 바람이 불자 두 려 워 물에 빠지게 되었어요.

▶ 베드로의 시선이 예수님을 벗어나 그를 둘러싼 높은 파도에 쏠리자 베드로는 물에 빠지게 되었다. 베드로의 믿음이 자신은 물 위를 걸을 수 있다는 것을 믿을 만큼 강했지만 자기가 무서운 폭풍 가운데 있다는 것을 깨닫자, 그 믿음이 흔들리게 된 것이다.

4) 예수님을 믿지 못하고 의심한 베드로는 자기 믿 음 이 부족한 게 너무 부끄러웠어요.

▶ 베드로는 위협적인 폭풍을 만났을 때 예수님 말씀을 의심했던 것이 너무나 부끄러웠다. 베드로의 의심은 믿음의 실패가 되었다. 예수님께서 베드로를 붙잡아 파도 속에 빠지는 데서 구원하셨지만 베드로는 배 위에 올라와서도 자신의 믿음 없음에 할 말을 잃었다.

03 나누어봐요!

1) 풍랑 속에 바다 위로 걸어오시는 예수님을 바라본 베드로는 예수님께 어떤 부탁을 드렸나요?

▶ 풍랑 속에 바다 위를 걸어오시는 예수님을 향해 베드로는 나도 바다 위를 걷게 해달라고 요청하였다. 이것은 베드로가 예수님을 시험하고 있는 것이 아니다. 폭풍 가운데 예수께서 임재하심은 베드로로 하여금 두려움 없는 믿음을 발휘하도록 만들었다.

2) 예수님은 물에 빠진 베드로를 어떻게 해주셨나요?

▶ 예수님은 파도에 빠져 허우적대는 베드로를 붙잡아 그를 구해 주셨다. 베드로는 그의 시선을 예수님에게서 돌려 그 대신 상황에 맞추었다. 예수님의 즉각적인 응답은 시련의 때에 하나님의 뒷받침과 권능이 즉각적이라는 것을 베드로에게 보여주었다.

04 적용해봐요!

1) 예수님을 '믿는다'는 것이 무엇인지 생각나는대로 적고 이야기해 보세요.

▶ 예수님을 '믿는다'는 것은 예수님의 말씀에 무조건 순종하며 따른다는 것을 말한다. 따라서 내 생각대로 행동하는 것이 아니라 절대적인 순종과 따름이 있어야 함을 가르쳐 준다.

2) 하나님 말씀을 배울 때 의심이 되거나 믿어지지 않을 때는 없었는지 서로 이야기해 보세요.

▶ 하나님 말씀을 듣고 배울 때 의심이 들게 하는 것은 사단의 공격이며 기도함으로서 이겨내도록 가르친다. 의심과 불신앙은 나쁜 것이며 죄임을 또한 가르친다. 반면에 순종은 예배보다 낫다는 것을 알려준다.

05 기도해요!

하나님 아버지! 힘들고 두려울 때 오직 믿음으로 기도하며 예수님을 온전히 의지하도록 은혜를 주세요.

단어풀이 의심 : 믿지 못하거나 확실히 알 수 없어서 의아하게 여김

45주 이해하는 마음을 좋아하시는 하나님

핵심 구절 여자의 말이 내가 행한 모든 것을 그가 내게 말하였다 증언하므로 그 동네 중에 많은 사마리아인이 예수를 믿는지라 (요한복음 4장 39절)

본문말씀 : 요한복음 4장 7~39절

01 무엇일까요?

관 용 이라는 말은 남의 잘못을 이해하고 받아들이는 것을 말합니다. 따뜻한 마음으로 친구의 잘못을 용서하고 사랑하는 것을 말합니다. 하나님은 남의 잘못을 용서하는 사람을 좋아하십니다.

02 풀어봐요!

1) 예수님이 우물가에서 두레박을 찾지 못하실 때 모두가 싫어하는 사 마 리 아 여인이 우물가로 찾아왔어요.

▷ 예수님은 유대에서 수가까지 이틀 정도 걸리는 거리를 걸어오셨다. 예수님의 피로는 그분이 참으로 인간이셨음을 보여 준다. 너무나 목마르셔서 우물물을 마시려 하셨지만 두레박이 없어서 마시지 못하셨는데 그때 사마리아 여인이 우물가에 찾아왔다. 유대인들이 사마리아인들을 혐오한 것은 그들이 순수한 유대인이 아니었기 때문이다. 남왕국에 살던 유대인들은 사마리아인들이 외국인들과의 통혼 통해 자기들 민족과 나라를 배신했다고 생각했다.

2) 예수님이 모두가 싫어하는 사마리아 여인에게 물 을 달라고 부탁하시자 사마리아 여인은 깜짝 놀랐어요.

▷ 사마리아 여인은 예수님의 물 요청을 듣고 매우 놀랐다. 첫째는 유대인이 사마리아 사람에게 말을 걸었기 때문이고, 둘째는 유대인 남자가 사마리아 여자에게 말을 걸었기 때문이며, 셋째는 유대인이 사마리아 사람의 그릇으로 물을 마시겠다고 했기 때문이다.

3) 사마리아 여인은 예수님의 친절한 모습과 예수님이 메 시 야 이신 것을 알고 너무 기뻤어요.

▷ 사마리아 여인은 예수님의 친절함을 통해 이미 예수님이 선지자라는 것을 파악했고, 예수님의 설명은 이 사마리아 여인에게 그녀와 함께 우물가에 앉아 있는 그 분이 약속된 메시아라는 것을 말씀하셨다. 예수님이 메시야이신 것을 알게 된 사마리아는 너무나 기뻐 자신의 사명을 깨닫게 되었다.

4) 예수님 말씀을 들은 사마리아 여인은 너무 기뻐서 마을로 내려가 큰소리로 외치며 예 수 님 을 전했어요.

▷ 예수님이 메시야인 것을 알게 된 사마리아 여인은 자기의 물동이를 버려 두고 마을로 내려가 이 기쁜 소식을 사람들에게 전하였다. 이것은 참 생명과 만족에 대한 그녀의 갈급함을 나타낸다. 다른 한편으로는 다시 돌아오겠다는 그녀의 의도를 드러낸다. 그녀는 마을의 모든 사람들이 그 분이 하신 말씀을 들어야 한다고 믿었다.

03 나누어봐요!

1) 사마리아 여인은 예수님께 물을 달라고 부탁을 받고 왜 깜짝 놀랐나요?

▷ 유대인과 사마리아인은 서로 상종치 아니했고, 사물도 공유하지 않았는데 예수님의 물을 달라는 부탁을 받고 사마리아 여인은 너무나 놀랐다. 유대 의식법은 사마리아 사람들을 의식상 부정하다고 했을 뿐만 아니라, 그들이 만진 것들도 부정하다고 했다. 엄격한 종교적 관점에서 예수님 당시 많은 유대인들은 사마리아인들을 영구히 부정하다고 여겼다.

2) 예수님과 대화를 나눈 사마리아 여인은 너무 기뻐서 마을로 내려가 어떤 일을 했나요?

▷ 사마리아 여인은 예수님과 대화를 마치고 즉시 마을로 가서 이웃들에게 그들도 꼭 만나야 할 훌륭하고 놀랄 만한 사람을 만났다고 말했다. 그녀는 생수를 주겠다고 약속하신 분, 그리고 그녀의 삶에 대한 상세한 지식과 영적인 진리에 대한 심오한 이해를 나타내 보이신 분을 만난 것이다. 그녀가 전한 소식은 마을 사람들 가운데 커다란 호기심을 불러 일으켰다.

04 적용해봐요!

1) 친구나 주위의 사람들이 손가락질하며 비웃을 때 기분이 어떤지 적고 서로 이야기해 보세요.

▷ 상대방이 나에게 잘못을 해도 믿음으로 참고 이겨내는 것이 신앙생활이다. 마음이 아프고 힘들 때 어떻게 하면 좋을지 질문하고 하나님께 기도할 수 있게 가르친다. 한편 위로와 격려를 해서 용기를 갖게 만든다.

2) 나를 힘들게 하는 사람이 누구인지 또 무엇 때문에 힘들게 하는지 적고 이야기해 보세요.

▷ 예수님을 믿는 사람은 용서하는 사람임을 가르쳐 준다. 따라서 용서를 위한 기도를 하게 하고 격려를 한다. 구체적으로 힘든 내용이 무엇인지 살피고 적절한 조치를 해 준다.

05 기도해요!

사랑의 하나님! 사람들의 잘못을 용서해 주시는 예수님의 마음을 닮게 해 주세요.

단어풀이 **두레박** : 줄을 길게 달아 우물물을 긷는 데 쓰는 기구

46주 올바른 도움을 좋아하시는 하나님

핵심구절 여호수아가 기생 라합과 그의 아버지의 가족과 그에게 속한 모든 것을 살렸으므로 그가 오늘까지 이스라엘 중에 거주하였으니 이는 여호수아가 여리고를 정탐하려고 보낸 사자들을 숨겼음이었더라 (여호수아 6장 25절)

본문말씀 : 여호수아 6장 22~27절

01 무엇일까요?

도 움 이라는 말은 어려운 일이 있는 사람을 도와주는 것을 말합니다. 상대방이 필요한 것을 거절하지 않고 주는 것을 말한다. 그러나 올바른 일에 도움을 주는 것이 중요합니다. 하나님은 힘들고 어려운 사람을 도와주는 것을 좋아하십니다.

02 풀어봐요

1) 여리고성 사람들과 싸우기 위해 여리고성에 몰래 들어간 정 탐 꾼 두 명은 여리고성을 돌아보며 많은 정보를 수집했어요.

▷ 여호수아는 광야 시절 열두 명의 정탐꾼으로 활동한 바 있었기에 가나안 입성을 앞두고 정탐꾼 두 명을 선발하여 가나안 땅을 정탐케 했다.

2) 밤이 되어 정탐꾼들이 라 합 의 집에 들어왔을 때 갑자기 여리고성 군인들이 정탐꾼들을 잡으러 쳐들어 왔어요.

▷ 정탐꾼들의 비밀스런 활동을 위해 가장 완벽했던 장소가 라합의 집이었다. 그곳을 통해 사람들의 들어오고 나감을 알수 있었고, 최신 정보를 얻을 수 있었다. 정탐꾼들은 여리고의 최신 정보를 얻기 위해 라합의 집을 선택했다. 왕의 관리들이 정탐꾼들을 잡으러 왔을 때 라합은 정탐꾼들에 대해 특별한 관심을 갖고, 왕의 관리들에게 거짓 정보를 알려주었다.

3) 라합은 여리고성 군인들이 몰려온 사실을 정탐꾼들에게 알리며 자기 집 지 붕 위에 숨겨줬어요.

▷ 왕의 관리들은 라합의 말을 신뢰했던 자들이었다. 왕의 관리들은 요단 길로 나루턱까지 따라갔고 그 따르는 자들이 나가자 곧 성문을 닫았다. 가나안 정탐꾼들을 찾던 자들은 더 필사적이었다. 왕의 관리들은 정탐꾼들이 여호수아에게 돌아가는 길을 차단해 버렸다. 라합은 지붕에 벌여 놓은 삼대에 정탐꾼을 숨겨주었다.

4) 군인들이 돌아가자 라합은 정탐꾼들에게 자기와 가 족 을 구해달라 부탁했고, 정탐꾼들은 무사히 갈 수 있었어요.

▷ 라합이 정탐꾼들에게 자비를 베풀었기 때문에, 정탐꾼들 역시 여리고 침략에서 라합과 그의 가족들에게 자비를 베풀어야 한다. 이 상황은 두 그룹 사이의 '약속'이면서 동시에 '협상'으로 볼 수 있다. 정탐꾼들은 산에 이르러 자신들을 쫓는 자들이 돌아갈 때까지 사흘을 머물렀고, 쫓는 자들이 자신들을 발견하지 못하자 산에서 내려와 강을 건너 여호수아에게 가서 자신들이 당한 모든 일을 알렸다.

03 나누어봐요

1) 자기 집에 찾아온 사람들이 정탐꾼인 것을 알게 된 라합은 여리고성 군인들이 찾아왔을 때 어떻게 했나요?

▷ 라합은 가나안의 정탐꾼에 대해 특별한 관심을 갖고 자기 집에 숨겨서 보호해주며 정탐꾼을 쫓아온 왕의 관리들에게 거짓 정보를 알려주었다. 왕의 관리들은 라합의 말을 신뢰하고 정탐꾼을 찾기 위해 라합의 집을 나갔다.

2) 끝까지 정탐꾼들을 숨겨준 라합은 군인들이 돌아간 후 정탐꾼들에게 무슨 부탁을 했나요?

▷ 라합은 정탐꾼들을 숨겨주면서 자신과 자신 가족을 구해달라고 부탁했다. 이것은 라합과 정탐꾼들 사이에 단순히 자비를 행하는 것 이상을 넘어서 두 그룹 사이의 협상이 오고 감을 볼 수 있다.

04 적용해봐요

1) 주위에 도와주어야 할 이웃과 친구가 누구인지 적고 어떻게 도와주어야 할지 서로 이야기해 보세요.

▷ 구체적으로 도움을 주어야 할 사람이 누구인지 그리고 그 내용이 무엇인지 듣는다. 가장 먼저 해야 할 일은 기도이며 어떻게 효과적으로 도울 수 있는지 알려준다.

2) 나에게 도움을 준 사람들에게 감사편지를 쓰고 서로 이야기해 보세요.

▷ 도움은 주는 것도 필요하지만 나에게 도움을 준 사람들에게 감사의 마음도 잊지 않아야 한다. 내가 힘들고 어려울 때 다양하게 도움을 준 사람들을 생각한다. 그리고 감사편지를 써서 전해주도록 지도한다.

05 기도해요

사랑의 하나님! 라합처럼 하나님께서 기뻐하시는 도움을 바로 알고 실천하도록 믿음을 주세요.

단어풀이 정탐꾼 : 드러나지 않은 사실 따위를 몰래 살펴서 알아내는 사람

47주 사람을 살리시는 하나님

핵심 구절 그 송아지를 속죄제의 수송아지에게 한 것 같이 할지며 제사장이 그것으로 회중을 위하여 속죄한즉 그들이 사함을 받으리라 (레위기 4장 20절)

본문말씀 : 레위기 4장 1~35절, 갈라디아서 2장 20절

01 무엇일까요?

희생이라는 말은 다른 사람에게 도움을 주기 위하여 내 것을 아낌없이 주는 것을 말합니다. 예수님이 우리의 죄를 대신해서 십자가에서 죽어주신 것을 말합니다. 하나님은 하나뿐인 아들 예수님을 죽이시고 우리를 살리셨습니다.

02 풀어봐요!

1) 하나님은 모세를 통해 죄를 지은 사람은 소나 양을 데리고 와서 하나님께 제사 지내라고 말씀하셨어요.

▷ 하나님은 이스라엘인들이 제사를 통해 하나님께 가까이 갈 수 있는 길을 제시하셨다. 희생제사는 부주의로 인한 죄, 소위 '과실죄'와 심각한 자연적인 부정을 속한다. 하나님은 생명이 담겨 있는 동물의 피를 주심으로써 이스라엘인들의 죄와 부정을 속하게 하셨다. 희생 제사의 피는 대리적인 죽음을 의미한다.

2) 이스라엘 백성들은 죄를 지을 때마다 제사를 지내 하나님께 죄 용서받아 좋았지만 제사지내는게 너무 힘들었어요.

▷ 제사에 쓰이는 제물은 많은 동물들 중에서 특별히 구별된 소, 양, 염소, 비둘기로 한정된다. 하나님께 드려지는 제물의 부위도 따로 구별하도록 규정하고 있다. 이렇듯 제사 규정은 분리로써의 거룩의 의미를 강조한다. 이스라엘 백성들은 죄지을 때마다 속죄받기위해 제사법대로 제사지내는 것이 너무 힘들었다.

3) 하나님은 사람들의 많은 죄를 용서해주시기 위해 하나님의 하나뿐인 아들 예수님을 보내주셨어요.

▷ 하나님은 하나님의 아들 예수님을 희생제물로 보내셨고 그분이 흘린 피는 용서와 칭의와 화해를 가져온다. 예수님은 자기 백성들을 구원하시기 위해 친히 벌거벗고 십자가에 달리셔야 했다. 십자가에서 예수님은 자기 백성들을 대신하여 죄를 담당하셨다.

4) 이제는 힘들게 제사 지내지 않아도 나의 죄 대신 희생하신 예수님을 믿으면 하나님 나라에 갈 수 있어요.

▷ 하나님이 그리스도를 '화목 제물'로 주셨기 때문에 사람들은 값없이 의롭다 하심을 받아 천국에 갈 수 있게 되었다. 예수는 우리를 죄에서 자유롭게 하시기 위해 친히 우리 죄를 위한 희생 제물로 돌아가셨다. 이제 우리는 예수를 믿기만 하면 천국에 가고 하나님이 주시는, 그리고 우리 주님이신 예수 그리스도가 주시는 은혜와 평화를 경험한다.

03 나누어봐요!

1) 하나님께 잘못하여 마음 아파하는 사람들에게 하나님은 모세를 통해 죄 용서받기 위해 무엇을 하라고 하셨나요?

▷ 인간은 근본적으로 죽을 수 밖에 없는 죄인이다. 죽음은 자연스러운 것이 아니라 죄 지은 인간에 대한 하나님의 형벌이다. 죽음을 해결하기 위해서는 하나님 앞에 제물을 가지고 나아가야한다. 제물을 드리지 않는자는 하나님 만날 수 없다.

2) 하나님의 하나 뿐인 아들 예수님은 사람들의 많은 죄를 용서하시기 위해 어떻게 하셨나요?

▷ 구약 제사의 여러 가지 제물들은 예수 그리스도께서 제물이신 것을 예표적으로 보여 주는것이다. 하나님께서 이 세상에 하나님의 아들 예수님을 보내주심으로 이제 하나님께 제물을 드리지 않아도 된다. 제물들이 예수 그리스도 안에서 이루어진 것이다. 이제 속죄일에 드렸던 수송아지와 염소의 피가 예수 그리스도의 피로 바뀌었다. 인간의 죄를 위한 속죄 제사는 예수그리스도만이 드릴수 있다. 어떤 사람도 예수 그리스도가 드린 제사를 대신하거나 보충할 수 없다.

04 적용해봐요!

1) 나의 죄 때문에 십자가에서 대신 죽으신 분이 누구인가요? 그 이름을 적고 감사의 글을 써 보세요.

▷ 예수님이 우리 죄를 대신해서 십자가에서 죽으신 분임을 가르친다. 그리고 학생의 글을 읽게 하고 격려와 칭찬을 아끼지 않는다. 좋은 글은 전체에 알려서 은혜를 나눈다.

2) 예수님이 죽으심으로 나의 죄를 용서하신 것처럼 나는 누구를 용서해야 할지 적고 이야기해 보세요.

▷ 용서는 믿음과 용기 있는 행동임을 가르친다. 글의 내용을 듣고 격려를 해 주고 적절한 조치를 한다.

05 기도해요!

사랑의 예수님! 우리의 잘못을 용서해주시기 위하여 우리 대신 십자가에 죽으신 예수님의 큰 사랑에 감사드립니다.

단어풀이 **속죄** : 죄에 대한 값을 치르고 용서받아 하나님과 화목, 화해하는 것

48주 책임지는 사람을 좋아하시는 하나님

핵심 구절 나는 너희로 회개하게 하기 위하여 물로 세례를 베풀거니와 내 뒤에 오시는 이는 나보다 능력이 많으시니 나는 그의 신을 들기도 감당하지 못하겠노라 그는 성령과 불로 너희에게 세례를 베푸실 것이요 (마태복음 3장 11절)

본문말씀 : 마태복음 3장 1~17절

01 무엇일까요?

책임감이라는 말은 자신에게 맡겨진 일을 제대로 해 내고자 하는 마음을 말합니다. 맡겨진 일을 포기하는 것이 아니라 끝까지 하는 것을 말합니다. 하나님은 책임 있게 일하는 사람을 좋아하십니다.

02 풀어봐요

1) 회개하라 외친 세례 요한은 요단강에서 죄를 고백하고 회개하는 사람들에게 물로 세례를 주었어요.

▶ 세례 요한은 자기들의 죄를 고백하고 하나님을 위해 살기를 갈망하면서 자기에게 나아온 많은 회개하는 사람들에게 요단강에서 기꺼이 세례를 베풀었다. 세례 요한은 사람들에게 말이나 의식 이상을 요구했다. 그는 그들에게 행동을 바꾸라고 말했다.

2) 사람들은 세례 요한에게 하나님의 아들 그리스도인지 물었지만 세례 요한은 확실하게 아니라고 대답했어요.

▶ 세례 요한은 사람들이 하나님의 아들 그리스도시냐는 질문에 내 뒤에 오시는 보다 능력이 많으신 분의 신분이 약속된 메시아라는 것을 드러냈다. 성령의 오심은 메시아 도래의 일부분으로서 예언되어 왔다. 요한이 시작한 것을 예수께서 끝마치셨다. 요한이 준비한 것을 예수께서 완성하셨다.

3) 어느날 예수님은 요단강가에서 세례 주는 요한에게 오셔서 나에게도 세례를 달라고 말씀하셨어요.

▶ 예수께서 갑자기 세례 요한에게 오셔서 세례를 받겠다고 하셨을 때 세례 요한은 예수님의 세례가 자신의 세례보다 훨씬 위대하다고 설명하였다. 예수께서 당도하셨을 때, 요한은 세례를 받으시려는 예수님의 요구에 망설 였다. 요한은 자기가 예수님께 세례 받기를 원한다고 설명하면서 예수님을 말렸다.

4) 처음에 거절했던 세례 요한은 예수님께 세례를 베풀었고 그후로 예수님은 하나님 아들로 해야 할 일을 시작하셨어요

▶ 예수께서 당도하셨을 때 세례요한은 자기가 예수님께 세례 받기를 원한다고 설명하면서 세례를 받으시려는 예수님을 말렸다. 하지만 예수께서는 단지 관찰자들을 위한 객관적인 교훈으로서가 아니라 진지하게 세례를 받으셨다. 그 분은 하나님의 거룩성과 인간의 죄를 인정하고 세례 받으신 후 하나님 아들로서의 일을 시작하셨다

03 나누어봐요

1) 세례 요한은 요단강에서 자기 죄를 고백하고 회개하는 사람들에게 어떤 일을 했나요?

▶ 세례 요한은 죄로부터 고백하고 회개하는 사람들에게 세례를 베풀었다. 이것은 사람들이 죄를 회개하도록 하는 것이 목적이었다. 세례 요한은 사람들에게 세례를 베품으로 자기 자신과 유익한 일을 내려놓았다.

2) 세례 요한이 예수님께 세례를 베풀자 하늘에서 어떤 소리가 들렸나요?

▶ 세례 요한은 자기 일을 다하기 위해 예수님께 세례를 베풀었고 그후로 예수님은 하나님 아들로 해야할 일을 시작하셨다. 예수님은 세례를 받으실 때 하나님의 아들이나 메시아가 되신 것이 아니다. 예수님은 이미 영원 전부터 신성을 지닌 하나님이셨다.

04 적용해봐요

1) 가정, 직장, 학교, 교회에서 자신에게 맡겨진 일이 무엇인지 적고 서로 이야기해 보세요.

▶ 세례요한은 자기에게 맡겨진 일을 잘 감당했던 사람이었다. 그래서 예수님은 큰 사람이라고 말씀하셨다. 각자의 일이 무엇인지 발표하게 하고 격려해 준다.

2) 자신에게 맡겨진 일을 어떤 자세로 처리해야 하는지 적고 이야기해 보세요.

▶ 자신에게 맡겨진 일은 책임감을 갖고 성실하게 감당해야 함을 가르친다. 작은 일에도 책임 있게 행동을 하는 사람이 큰 사람임을 가르친다.

05 기도해요

하나님 아버지! 저희들도 세례 요한처럼 책임감 가지고 나의 할 일을 잘 감당하는 하나님의 일꾼이 되게 해주세요.

단어풀이 **책임감** : 책임을 중히 여기는 마음

49주 우리를 다스리시는 하나님

핵심구절 여호와 하나님이 그 사람을 이끌어 에덴 동산에 두어 그것을 경작하며 지키게 하시고 (창세기 2장 15절)

본문말씀 : 창세기 2장 4~19절

01 무엇일까요?

다스림이라는 말은 누구를 돌보는 것을 말합니다. 부모님이 자녀를 돌보는 것과 하나님이 우리를 돌보아 주시는 것을 말합니다. 하나님은 우리를 다스리시는 분입니다.

02 풀어봐요!

1) 하나님은 하나님 모습대로 만드신 아담의 몸에서 갈비뼈를 꺼내 하와를 만드시고 두 사람에게 이 세상을 선물하셨어요.

▷ 하나님은 하나님 모양대로 사람을 만드시고 이 세상을 다스리도록 축복하셨다. 오직 사람만이 하나님의 창조계를 다스릴 수 있다. 사람은 공중과 바다와 땅에 있는 모든 생물을 다스리는 책임을 부여받는다. 사람은 자신을 닮은 것이 아니라 그들의 창조주를 닮았다.

2) 아담과 하와는 하나님이 만들어주신 에덴동산에서 하루하루가 너무나 행복했어요.

▷ 하나님은 주권적으로 에덴동산을 만드시고 아담과 하와를 초대하셔서 하나님과 교제를 나누게 하셨다. 아담과 하와는 에덴동산을 다스리며 지키는 임무와 책임을 부여받으며 하루하루 축복의 삶을 살았다. 하나님은 에덴동산에서 아담과 하와를 만나시고, 함께 교제를 나누셨다.

3) 아담과 하와가 나이 들어 죽은 후 그 후손들은 세상을 잘 다스리라고 하신 하나님 말씀을 듣지 않았어요.

▷ 하나님은 에덴동산을 준비하신 후 그것을 단장하고 지키기 위하여 아담과 하와에게 선물하시며 잘 다스리라 하셨지만 아담과 하와가 죄를 짓고 에덴동산에서 쫓겨난 후 그 후손들은 하나님 명령대로 이 세상을 잘 다스리고 지키지 못했다.

4) 하나님은 이 세상에 있는 모든 것을 아름답게 잘 다스리고 보살피라고 지금 우리에게도 말씀하고 계세요.

▷ 사람 창조의 목적은 이 세상을 잘 다스리는 것이다. 아담과 하와 뿐만 아니라 하나님은 지금 살고 있는 우리들도 하나님이 만드신 이 세상을 아름답게 다스리고 관리하는 책임이 있다. 하나님을 실망시키지 않도록 각자 이 세상을 하나님이 처음 만드신 세상처럼 잘 다스리고 관리해서 하나님께 기쁨을 드려야 할 것이다.

03 나누어봐요!

1) 하나님은 하나님 모습대로 만드신 아담에게 세상을 선물하시며 어떻게 하라고 하셨나요?

▷ 하나님은 하나님이 만드신 이 세상을 아담에게 선물하시며 잘 다스리라고 하셨다. 에덴동산에서 사는 아담은 하나님에 대한 믿음과 순종이 요구되었다. 아담과 하와가 에덴동산에서 살때는 단지 에덴동산에서 일하는 일꾼이나 동산지기가 아니라, 제사장이었다. 하나님의 사람들을 향한 사랑과 우리의 하나님께 대한 순종의 자세를 바르게 알려주도록 한다.

2) 세상을 잘 다스리라고 하신 하나님 말씀을 사람들이 듣지 않아서 이 세상은 어떻게 되었나요?

▷ 아담과 하와에게 이 세상을 선물하시며 잘 다스리라고 하신 하나님의 명령은 하나님께서 사람에게 좋은 것을 주기 원하신 것이다. 우리가 좋은 것을 누리기 위해서는 하나님 말씀을 믿고 그대로 순종해야 한다. 사람들이 하나님 뜻에 불순종하면 사람들은 선하고 선하지 않은 것을 선택해야 한다. 지금 현대인들은 이 세상을 잘 다스리라는 하나님 뜻을 어겨서 오히려 세상의 병들고 타락함 속에 사람들이 어려움을 겪게 되었다.

04 적용해봐요!

1) 세상과 가정을 다스리는 분이 누구인지 적어 보세요.

▷ 성부, 성자, 성령 하나님이 세상을 능력으로 다스리시고 있다. 가정은 부모님이 다스리고 있음을 알게 한다. 그리고 교회와 국가는 누가 다스리는지 질문해 본다. 세상만물을 다스리시는 분은 하나님이심을 가르친다.

2) 세상을 다스리시는 하나님과 가정의 부모님 그리고 교회의 목사님과 선생님에게 어떤 자세를 가져야 할까요?

▷ '순종' 하는 것이 최고로 칭찬받는 것임을 가르친다. 순종은 '네' 하고 따르는 것임을 가르친다. 순종하는 사람은 복을 받는 것임을 가르친다.

05 기도해요!

사랑의 하나님! 하나님이 맡겨주신 이 세상을 잘 돌보고 잘 다스려서 하나님께 큰 복 받게 해주세요.

단어풀이 **관리** : 통솔하고 지휘 감독함

50주 변함이 없으신 하나님

핵심 구절 태초에 하나님이 천지를 창조하시니라 (창세기 1장 1절)

본문말씀 : 창세기 1장 1~31절

01 무엇일까요?

일관성이라는 말은 처음부터 끝까지 똑같이 하는 것을 말합니다. 말이나 행동이 중간에 변하지 않고 처음에 한 것처럼 똑같이 하는 것을 말합니다. 하나님은 언제나 변함이 없으신 분입니다.

02 풀어봐요!

1) 깜깜하고 아무 것도 없을 때 하나님은 세상을 아름답게 만들기로 결심하시고 첫째날 빛이 있으라 외치셨어요.

▷ 하나님은 창조의 주체며, 행동하고 말씀하시는 신이시다. 역사의 시작이며 유일하신 절대자다. 태초에 하나님이 존재하셨으며 하나님은 세상의 모든 만물을 창조하셨다. 창세기는 하나님의 존재와 창조를 전제한다. 하나님은 천지 창조를 선언하신 후 첫째 날 빛을 창조하셨다.

2) 둘째 날부터 여섯째 날까지 하나님은 오직 말씀으로 이 세상을 아름답게 만드시고 아주 기뻐하셨어요.

▷ 피조물의 세계에는 하나님께서 첫째 날, 둘째 날, 셋째 날 일정한 영역을 구분하시며, 넷째 날, 다섯째 날, 여섯째 날에는 그 영역을 주관할 주관자를 세우신다. 따라서 하나님께서 창조하신 이 세계는 하나님, 사람, 피조물이라는 질서와 조직이 있음을 보여 준다.

3) 하나님은 오직 말씀으로 만드신 세상을 여섯째 날 특별히 손으로 직접 만드신 사람에게 선물하셨어요.

▷ 사람은 하나님께서 특별한 목적을 가지고 창조하신 존재다. 하나님께서 다른 피조물을 창조하실 때는 창조의 의사와 목적, 모양 등을 밝히신 일이 없다. 그러나 사람을 창조하실 때는 이 점을 분명히 밝히셨다. 하나님께서 사람을 창조하실 때 그 목적은 하나님께서 지으신 피조물을 하나님을 대신하여 다스리게 하자는 것이었다.

4) 다음날인 일곱째 날에 하나님은 일을 모두 마치셨기 때문에 편안하게 쉬셨어요.

▷ 하나님께서 창조하신 모든 피조물은 하나님 보시기에 좋았다. 이것은 하나님의 창조가 하나님께서 보시기에 완벽하고 만족스러운 것임을 나타내는 것이다. 그래서 하나님께서 창조 후 일곱째 날에 안식하셨다. 하나님의 안식은 하나님의 창조에 대한 만족에서 나온 것이다.

03 나누어봐요!

1) 하나님은 이 세상을 첫째 날부터 마지막날까지 어떻게 만드셨나요?

▷ 하나님은 말씀으로 이 세상 만물을 창조하셨다. 말씀으로 그의 창조 활동을 시작하신다. 하나님의 말씀은 신적 권위와 능력이 있어서 생명을 창조하며, 사물을 존재하게 한다. 그래서 성경은 만물이 하나님의 말씀으로 창조되었다고 가르친다. 하나님께서 여섯째날에 동물과 사람을 만드셨는데 특별히 사람은 직접 손으로 만드셨다. 하나님은 이 세상을 보시고 아주 좋아하셨다. 창조주의 그의 창조물에 대한 만족감을 표현한 것이다.

2) 하나님은 아름답게 만드신 이 세상을 누구에게 선물하셨나요?

▷ 하나님께서는 여섯째 날에 특별히 사람을 만드시고, 복을 주어 번성하여 온 땅에 충만하라 하시며, 하나님이 지으신 모든 피조물을 다스리도록 그의 권위 아래 맡기신다. 또한 땅 위의 모든 식물을 먹고 살도록 양식으로 주셨다. 사람이 하나님의 대리자로서 하나님과 통일한 방식으로 그것들을 다루면서 자애로운 왕처럼 자연을 관리하는 축복을 주신 것이다.

04 적용해봐요!

1) 하나님께서 첫째 날 부터 일곱 째 날까지 이 세상을 무엇으로 만드셨는지 적고 이야기해 보세요.

▷ 하나님은 오직 말씀으로 세상을 만드셨다. 그리고 지금까지도 말씀으로 세상을 다스리고 계신다. 우리에게도 성경을 통하여 말씀으로 다스리고 계신다. 변함없는 하나님의 방법에 대하여 가르친다.

2) 우리가 하나님을 본받아야 할 점이 무엇인지 적고 서로 이야기해 보세요.

▷ 하나님은 변함없이 세상을 말씀으로 다스리신다. 따라서 우리도 하나님처럼 변함없이 하나님을 사랑하고 이웃을 사랑하는 것이 중요하다. 그 방법은 하나님 말씀에 순종하는 것이다.

05 기도해요!

하나님 아버지! 변함없이 세상을 말씀으로 다스리시듯이 우리도 변함없이 하나님 말씀에 순종하며 살게 해 주세요.

단어풀이 충만 : 가득히 차다

51주 포기하지 않으시는 하나님

핵심 구절 앞으로 달려가서 보기 위하여 돌무화과나무에 올라가니 이는 예수께서 그리로 지나가시게 됨이러라 (누가복음 19장 4절)

본문말씀 : 누가복음 19장 1~10절

01 무엇일까요?

끈기라는 말은 하던 일을 중간에 쉽게 포기하지 않는 것을 말합니다. 끈기라는 말은 하던 일을 끝까지 계속하는 것을 말합니다. 하나님은 우리를 결코 포기하지 않으시는 분입니다.

02 풀어봐요!

1) 키작은 삭개오는 세금을 거두는 세리장으로 사람들이 싫어해서 친구가 없는 외로운 사람이었어요.

▷ 키가 작은 삭개오는 세리장으로서 세리들을 관리하는 사람이었다. 여리고의 많은 사람들은 로마와 결탁하였다는 이유로 세리들을 경멸했기 때문에 그를 죄인 중 우두머리로 여겼을 것이다. 많은 세리들은 그들이 다른 사람들에게서 징수한 여분의 돈에서 그들의 급여가 나왔기 때문에 세금을 더 많이 징수하고자 하는 유혹을 받았고, 삭개오는 동족들에게 경멸과 증오의 대상이었다.

2) 삭개오 사는 마을에 예수님이 오셔서 삭개오도 예수님을 만나러 갔지만 사람들이 비켜주지 않아서 볼 수 없었어요.

▷ 여리고에 예수님이 오시자 여리고 다른 사람들처럼 삭개오 역시 전국 각지에서 치유와 가르침을 통해 사람들을 놀라게 한 예수님을 보고싶은 호기심이 생겼다. 하지만 삭개오는 너무 단신이어서 사람들 속에 있는 예수님을 볼 수 없었다. 그러나 삭개오는 포기하고 싶지 않았다.

3) 예수님 보고 싶다는 생각에 뽕나무 위로 올라간 삭개오에게 예수님은 너희 집에 가서 쉬어야겠다 말씀하셨어요.

▷ 삭개오는 끈기를 가지고 사람들보다 먼저 달려가서 뽕나무에 올라가 무리들 속의 예수님을 보았다. 예수님은 삭개오의 마음을 아셨고 먼저 삭개오의 이름을 부르시며 삭개오 집에 유하겠다고 말씀하셨다. 삭개오는 당황하거나 예수님 요청을 거절하지 않고 급히 내려와 즐거워하며 예수님 집으로 영접하였다.

4) 예수님과 식사하면서 이제부터 착하게 살겠다는 삭개오에게 예수님은 너희 집에 구원이 이르렀다 하셨어요.

▷ 예수께서 먼저 삭개오에게 적극적으로 다가가시자 삭개오는 예수께 순종하는 길이 어떤 길이라 하더라도 따라가겠다고 적극적인 태도를 보였다. 삭개오에게 구원이 임한 것은 그가 선한 행위를 했기 때문이 아니라 예수 그리스도를 진정으로 믿고 그분에게 순종하는데 방해가 되는 모든 것을 포기했기 때문이다.

03 나누어봐요!

1) 사람들이 너무 많고 비켜주지 않아서 예수님을 볼 수 없자 삭개오는 어떻게 했나요?

▷ 세리장 삭개오는 키가 매우 작아서 많은 무리 속에 계신 예수님을 볼 수 없었다. 하지만 삭개오는 포기하지 않고 뽕나무로 달려가 그 위에 올라가 예수님을 보았다. 뽕나무는 곁 가지가 넓게 퍼진 떡갈나무처럼 오르기가 쉬운 나무이다.

2) 예수님과 식사하면서 자기가 나쁜 사람인 것을 깨달은 삭개오는 예수님과 어떤 약속을 했나요?

▷ 삭개오는 예수님 말씀을 들은 즉시 자신이 소유한 모든 것의 절반을 가난한 자들에 게 주겠다고 말하였다. 삭개오는 재물의 족쇄를 벗어버리고자 하는 열정이 강렬하였기 때문에 사람들에게서 과도하게 징수한 세금이 있으면 그 양의 사 배나 갚겠다고 말했다. 삭개오는 자신의 우선순위를 올바로 설정하였기 때문에 하나님 나라에 대비할 수 있었다.

04 적용해봐요!

1) 하나님 기뻐하시는 일을 하면서 힘들어 포기하고 싶었던 때는 언제였는지 서로 이야기하고 그때 어떻게 대처했는지, 그 결과 어떤 일이 있었는지 말해보세요.

▷ 기쁨이 없었던 삭개오는 포기하지 않고 끝까지 참 생명되신 예수님을 만나려고 노력해서 결국 예수님을 만난 후 큰 기쁨이 가득하게 되었다. 사람들이 다 싫어하며 멀리했던 삭개오는 끈기있는 노력으로 예수님 만나고 완전 새사람으로 바뀌었다는 것을 알려주고 하나님의 일을 할 때 포기하지 말고 끝까지 최선을 다하도록 지도한다.

2) 내 주위에 무시당하고 모두가 싫어하는 사람은 누구인지 생각해보고 이번 한 주간은 그런 사람들에게도 예수님 사랑을 전하는 한 주간이 되도록 노력해요.

▷ 하나님은 사람들이 무시하고 싫어하는 사람들까지도 예수님을 믿고 바르게 달라지기 원하신다. 나쁜 잘못을 저지르고 사람들이 무시하는 사람들까지도 사랑으로 감싸주며 사랑의 실천과 꾸준한 전도로 예수님 사랑을 전하도록 이끌어준다.

05 기도해요!

사랑의 하나님! 저희들도 삭개오처럼 예수님을 만나 변화되어서 예수님 사랑을 많은 친구와 이웃에게 전하게 해주세요.

단어풀이 **세리** : 세금을 매기고 거두어들이는 업무를 담당하는 관리

52주 친구의 사랑을 축복하신 하나님

핵심구절 예수께서 그들의 믿음을 보시고 이르시되 이 사람아 네 죄 사함을 받았느니라 하시니 (누가복음 5장 20절)

본문말씀 : 누가복음 5장 17~26절

01 무엇일까요?

우 정 이라는 말은 친구와 다투지 않고 서로 친하게 지내는 것을 말합니다. 서로 아끼고 사랑하며 변하지 않는 마음으로 항상 대하는 것을 말합니다. 하나님은 친구끼리 서로 사랑하는 것을 좋아하시며 축복하십니다.

02 풀어봐요!

1) 네 명의 친구들은 예수님이 가버나움에 오신 소식을 듣고 중 풍 병 에 걸린 친구를 예수님께 데리고 갔어요.

▶ 예수님이 가버나움에 오셔서 사람들을 가르치실 때 한 무리가 예수님의 병 고치는 능력에 대한 소문을 듣고는 한 중풍병자를 침상에 메고 찾아왔다. 중풍병자를 데리고 온 무리는 중풍병자의 친구로 마가는 중풍병자를 데려온 이들 중 네 사람이 들것을 운반했다고 기록했다.

2) 예수님 계신 곳에 사람들이 너무 많아서 네 명의 친구들은 침대를 메고 지붕에 올라가서 지 붕 을 뜯었어요.

▶ 예수님을 에워싼 무리들이 너무 많았기 때문에 그들은 그 무리를 비집고 예수님께로 들어갈 길을 얻지 못하였다. 그래서 그들은 지붕 꼭대기로 올라가서 계단을 타고 지붕으로 친구를 올리고 달아내릴 수 있을 정도의 진흙과 짚으로 된 반죽을 떼어내고 기와를 벗겨냈다. 그리고 누군가 줄을 가져와서 침상의 각 모퉁이에 단단히 묶고 병자를 침상채 무리 가운데로 예수 앞에 달아 내렸다.

3) 예수님이 중풍병자를 향해 죄 용 서 받았다고 말씀하시자 바리새인과 서기관들이 수군거렸어요.

▶ 종교 지도자들인 서기관과 바리새인들은 예수께서 그 중풍병자에게 그의 죄가 사함을 받았다고 말씀하시는 것을 듣자 충격을 받았다. 종교 지도자들은 예수님 이 죄를 사하신다는 말씀을 신성 모독죄로 단정함으로써 예수님이 하나님이시며 몸과 영혼을 모두 고칠 수 있는 하나님의 능력을 소유하신 분임을 제대로 깨닫지 못했다는 것을 보여 주었다.

4) 예수님이 일어나 침대를 갖고 가라 말씀하시자 중풍병자는 곧바로 그 자리에서 벌떡 일 어 났어요.

▶ 종교지도자들이 서로 수군대는 것을 아시고 예수님은 아직 침상에 누워 있는 중풍병자에게 얼굴을 향하시고 일어나 네 침상을 가지고 집으로 가라 말씀하셨다. 그러자 중풍병자는 곧 일어나 누웠던 것을 가지고 하나님께 영광을 돌리며 자기 집으로 돌아갔다. 그 사건은 예수님의 권위와 권세를 절대적으로 입증해 주었다.

03 나누어봐요!

1) 중풍병 친구를 예수님께 데리고간 네 명의 친구들은 사람들이 너무 많아 들어갈 수 없어서 어떻게 했나요?

▶ 그 건물은 최대 수용인원을 초과한 상태여서 바깥에 서 있는 사람들도 있었다. 그래서 독창성과 창조성을 발휘하여 해결책을 마련했다. 실제로 지붕 한쪽을 뜯어내고 그 곳을 통해 예수님이 계신 곳으로 그 친구를 침상을 달아 내렸다.

2) 예수님은 중풍병에 걸린 사람을 어떻게 고쳐주셨나요?

▶ 사실 중풍병자는 몸과 영혼이 모두 마비되어 있었다. 영적인 치유가 필요한 사람이었다. 그래서 예수님은 그의 죄를 용서해 주셨다. 하지만 사람들이 서로 수군대자 예수님은 중풍병자를 향해 네 침상을 가지고 집으로 가라 말씀하셨다. 예수님 말씀을 통해 그 중풍병자는 사람들 앞에서 곧 일어나 누웠던 것을 가지고 하나님께 영광을 돌리며 자기 집으로 돌아갔다.

04 적용해봐요!

1) 나와 친한 친구가 누구인지 이름을 적고 왜 좋은지 그 내용도 적고 이야기해 보세요.

▶ 예수님은 아픈 친구를 소중히 여기며 예수님께 데리고 온 네 명의 친구들을 칭찬해 주셨다. 나의 소중한 친구들을 살아계신 그리스도께 인도할 수 있는 기회를 갖는 것은 중요한 일이다. 친한 친구를 예수님께 인도하기 위한 가장 좋은 방법이 무엇인지 함께 나누고 그것을 실천하도록 이끌어준다.

2) 힘들고 아픈 친구가 있다면 누구인지 이름을 적고 기도의 글을 적어보세요.

▶ 예수님은 친구를 소중히 여기고 도와주기를 기뻐하신다. 따라서 믿음 안에서 아프고 힘든 친구들을 위해 기도하도록 지도한다. 기도는 아픈 친구를 예수님 앞으로 데려가는 것이기 때문이다.

05 기도해요!

사랑의 하나님! 아프고 힘든 친구를 위해 기도할 때 병을 낫게 해주시고 어려움을 이기도록 도와주세요.

단어풀이 **중풍병** : 뇌의 어떤 부분에 혈액 공급량이 줄어들거나 뇌내출혈이 일어나 생기는 병

MEMO